Paris. — Typographie E. Panckoucke et Cie, quai Voltaire, 13

PONSON DU TERRAIL

MON VILLAGE

III

LE BRIGADIER LA JEUNESSE

PARIS
E. DENTU, ÉDITEUR
LIBRAIRE DE LA SOCIÉTÉ DES GENS DE LETTRES
Palais-Royal, 17 et 19, galerie d'Orléans
1867
Tous droits réservés

MON VILLAGE

LA MÈRE MIRACLE

(SUITE)

CHAPITRE XIII

C'était donc la veille de ce jour que M. Henri avait rencontré, d'abord la châtelaine du manoir de Reuil, ensuite la mère Miracle à qui il avait fait confidence de son projet de se faire soldat.

Il était revenu aux Ormes avec l'intention bien arrêtée de dire la même chose à Marc Noël, lorsque la violente colère de ce dernier puis la scène de larmes et de réconciliation qui avait suivi, l'en avaient empêché.

Le lendemain, Marc alla à Jargeau pour consulter un notaire.

Joseph Noël passa sa journée au bourg.

Le soir, celui-ci revint et annonça que le mariage était d'accord entre lui et la petite Roquillon.

Marc soupira, mais il ne fit pas d'objection.

Joseph oublia de souper, tant son bonheur l'étouffait.

Ce fut alors que M. Henri s'arma de courage.

— Et quand a lieu votre noce, monsieur Joseph? demanda-t-il.

— De demain en quinze.

— Je resterai jusque-là.

Ces mots firent ouvrir un œil, comme on dit, à Marc Noël.

— Où voulez-vous donc aller, monsieur Henri? dit-il.

— Faire un voyage.

— Où donc ça?

— A Orléans.

— Ça n'est pas un voyage, savez-vous? et tu pourras bien être revenu le soir, monsieur Henri, dit Joseph à son tour.

Mais Henri secoua la tête.

— Orléans n'est que la première étape de mon voyage.

— Tu veux donc nous quitter, monsieur Henri ?

— Tu ne te trouves donc pas bien ici, savez-vous ?

Et les deux Belges stupéfaits regardaient le jeune homme.

Mais celui-ci reprit avec fermeté :

— Mes amis, mes bons amis, me voilà un homme, et il est temps que je me conduise comme un homme. Mon père a eu le malheur de manger sa fortune, je dois essayer de m'en faire une.

— N'es-tu pas chez toi ici, monsieur ? dit Marc tout ému.

— Ah ! mais si, savez-vous ? fit Joseph.

— Je veux être soldat, dit M. Henri.

— Un métier qui est bien dur, sais-tu, monsieur ? répondit Marc ; j'ai été soldat six mois dans mon pays, et ça n'est pas agréable du tout.

Mais Henri de Beauchêne avait retrouvé en ce moment cette dignité native, cet orgueil de race que son éducation négligée n'avait pu étouffer.

Il était fier, ce jeune homme qui savait à peine déchiffrer quelques lignes et tracer son nom d'une main novice.

Il trouva des accents, qui peut-être lui étaient inconnus la veille, pour faire comprendre aux deux Belges qu'il ne pouvait rester avec eux plus longtemps, sans recevoir le pain de l'aumône.

Et les deux bonshommes pleurèrent.

Marc lui dit :

— Nous n'avons pas d'enfants, nous t'adopterons, monsieur.

— Vous oubliez, répondit-il, que votre frère se marie dans quinze jours.

Marc frappa du pied avec colère.

Joseph ne dit rien et se reprit à songer à sa fiancée.

Alors M. Henri s'esquiva sans bruit de la cuisine, laissant les deux frères auprès du poêle.

Il pouvait être sept heures du soir. La nuit était froide et la lune pleine.

— Un beau temps pour l'affût, dit un des garçons de ferme en voyant M. Henri décrocher son fusil.

— Peut-être... fit Henri.

Et il glissa deux balles dans les canons de son arme.

— Est-ce que vous allez au sanglier? demanda encore le garçon de ferme.

— Oui; bonsoir...

— Bonne chance!

Henri s'éloigna, traversa le jardin potager et atteignit les bois.

Allait-il réellement au sanglier?

C'est possible, mais alors l'affût qu'il avait choisi était bien loin, car il marcha plus de deux heures de faux chemins en faux chemins, laissant bientôt derrière lui les bois dépendant du château des Ormes, pour s'enfoncer, vers le nord, dans les bois de l'Etat, c'est-à-dire en pleine forêt.

Henri avait saisi au vol, le matin, un renseignement donné par des bûcheux qui se rendaient à la messe de Saint-Donat.

Ce renseignement était celui-ci :

Un vieux cerf dix-cors avait pris pour cantonnement un buisson d'une dizaine d'arpents, de l'autre côté de la *Vente-Neuve*; il avait coutume de venir au *viandis* dans un trèfle incarnat du voisinage, et il était aussi commode à tuer qu'un lièvre ou qu'un lapin.

Or, l'enceinte de forêt connue sous le nom de *Vente-Neuve* se trouvait précisément de l'autre côté du château de Reuil et de la Mare-au-Noyé.

Deux heures après son départ du château des Ormes, M. Henri traversait la ligne forestière qui passait devant le petit manoir.

Il regarda les étoiles, en vrai paysan qu'il était. Les étoiles marquaient environ dix heures du soir. La lune resplendissait sur les ardoises de la toiture ; une lumière brillait à la fenêtre de l'une des tourelles.

M. Henri se prit à regarder cette lumière, et ne songea plus ni aux étoiles ni à son affût.

Cette lumière était une vraie étoile qui venait de s'allumer tout exprès pour lui.

Et, comme il y avait une grosse pierre auprès de la mare, il s'assit dessus et continua à contempler cette lumière dont la clarté discrète filtrait au travers des persiennes.

Et il se trouva si bien absorbé dans cette contemplation, qu'il n'entendit pas marcher, qu'il ne vit pas une ombre se dresser auprès de lui.

Cependant, une main s'appuya sur son épaule et une voix lui dit :

— Vous ne voulez donc pas vous marier jamais, monsieur Henri, que vous venez vous asseoir auprès de la Mare-au-Noyé ?

M. Henri se retourna, un peu étonné, et ne put se défendre d'un certain tressaillement.

La voix qu'il venait d'entendre était celle de la mère Miracle, et la bonne vieille se trouvait debout devant lui. Jamais son visage encore jeune sous ses cheveux blancs ne s'était éclairé d'un plus malicieux sourire.

— Oui vraiment, répéta-t-elle, vous venez vous asseoir au bord de la Mare-au-Noyé?

— Pourquoi pas? demanda M. Henri.

— Mais vous ne savez pas ce qu'on dit...

— Je le sais, mais je ne suis guère superstitieux.

— Pour ça, vous avez raison.

— Et puis, ma bonne maman Miracle, à quoi donc ça me servirait de songer à me marier?

— Hé! on ne sait pas, dit la vieille.

— D'ailleurs, puisque je vais me faire soldat.

— Ah! c'est toujours décidé?

— Toujours. Je pars dans une quinzaine, après la noce du père Joseph.

— Il se marie donc décidément, ce vieux fou?

— C'est convenu. De dimanche en quinze jours.

La mère Miracle fit mine de s'éloigner, mais elle resta et ajouta d'un air indifférent :

— C'est égal, vous êtes à une bonne trotte du château des Ormes, monsieur Henri.

— Je vais à l'affût.

Et il montra son fusil, qu'il avait posé par terre, à côté de lui.

— A l'affût aux canards, alors? mais ce n'est guère la saison.

— Non, à l'affût du cerf.

— Au bord de la Mare au-Noyé?

M. Henri tressaillit; il lui sembla que la mère Miracle lui parlait d'un ton moqueur.

— Je me reposais un brin, dit-il, et puis ce n'est pas encore l'heure.

— Ah! c'est différent. Bonsoir, monsieur Henri.

— Bonsoir, maman Miracle.

— Bonne chance, monsieur Henri, dit encore la bonne vieille.

Et elle s'éloigna.

Mais quand elle fut de l'autre côté d'un rideau de saules, à l'autre extrémité de la mare, elle s'arrêta de nouveau.

M. Henri n'avait pas changé de place; il était toujours en contemplation devant cette fenêtre éclairée, et la sorcière se prit à sourire.

— Ah! murmura-t-elle, s'éloignant cette fois pour tout de bon, si je pouvais faire ce miracle-là, c'est pour le coup que je mériterais mon nom !

....

M. Henri s'était vanté certainement en disant qu'il n'était pas superstitieux.

Elevé à la campagne, au milieu de gens ignorants, il n'avait pas toujours souri quand on parlait de fantômes, de revenants et de donneurs de sorts.

Si jusqu'à présent la légende du noyé l'avait trouvé parfaitement indifférent, cela tenait à deux choses : c'est que d'abord on la lui avait toujours racontée loin de la sinistre mare, et qu'ensuite l'idée du mariage n'avait jamais pénétré dans sa cervelle.

Mais, maintenant que la mère Miracle était partie, l'idée superstitieuse envahissait le jeune homme.

De temps en temps, il détournait les yeux de cette tourelle éclairée qui attirait son regard, pour les reporter sur la mare qui resplendissait au clair de lune.

Alors il lui semblait que, vers le milieu, l'eau dormante bouillonnait tout à coup et que quelque chose de noir en sortait.

Etait-ce le noyé qui remontait à la surface ?

L'eau s'agitait de plus en plus, le regard de

M. Henri était fasciné. L'objet noir, silhouette humaine ou tronc d'arbre, paraissait s'éloigner du centre de la mare et se diriger vers la rive opposée.

Le jeune homme frissonnait, et alors, pour s'arracher à cette angoisse, il détournait violemment la tête et reposait son regard sur la tourelle.

La lumière brillait toujours.

Pourtant la nuit était avancée et aux champs on se couche de bonne heure.

Qui donc veillait encore dans le petit manoir ?

Sans doute la belle amazone qui, la veille, était apparue à M. Henri comme une fée et avait jeté un trouble étrange dans son âme, si calme et si naïve jusque-là.

Et, comme on a vu de pauvres fous devenir amoureux d'une étoile, M. Henri s'éprenait de cette lumière qui continuait à laisser filtrer sa clarté tranquille à travers les persiennes ; et il oubliait pourquoi il était venu en forêt, et il n'osait plus tourner la tête du côté de l'étang, tant il avait peur d'apercevoir sur la berge opposée le fantôme du noyé lui jetant un sort.

Mais enfin la lumière s'éteignit.

Alors M. Henri ne put étouffer un cri. Il se

dressa tout frémissant, reprit son fusil, et, comme si le charme qui le retenait au bord de la mare se fût rompu subitement, il prit la fuite, son fusil sur l'épaule.

Cependant, à une certaine distance, il se retourna encore, mais ce ne fut point pour regarder le château.

Ses yeux se fixèrent sur la Mare-au-Noyé.

De l'autre côté, une ombre noire s'agitait et marchait à grands pas le long de la berge.

Etait-ce une créature vivante?

Etait-ce le noyé qui, sorti de l'eau, se promenait au clair de lune?

M. Henri, tout frissonnant, crut à cette dernière hypothèse.

Et la peur précipita sa fuite!

CHAPITRE XIV

La baronne Mercier à Mme de Lassenie.

Ma bonne Laure,

Je t'écris sous les dernières impressions d'une émotion terrible.

Figure-toi que j'ai failli perdre mon fils, ce bébé rose et blanc qui est toute ma vie, tout ce qui me reste de mon cher mort.

Je me sens frissonner des pieds à la tête, et mon cœur arrête brusquement ses pulsations quand je songe à ce qui s'est passé.

Pourtant il faut bien que je te raconte tout ela, et d'autres choses aussi...

Ma pauvre tête s'y perd, et je ne sais par où commencer.

Enfin je vais essayer.

Laisse-moi d'abord te parler, non de mon fils, mais de ce jeune homme au sujet duquel je te demandais un conseil.

Pour que mon récit soit clair, je crois que c'est par là qu'il faut que je commence.

Ton conseil me parut une inspiration du ciel. Nous autres femmes, qui ne connaissons pas grand'chose aux affaires, nous ne voyons tout d'abord que les grandes lignes, et le détail nous échappe.

Ta lettre reçue, la chose me parut toute simple.

J'écrivis à mon notaire pour lui demander cent mille francs.

Quarante-huit heures après, il me répondit qu'on n'envoyait pas cent mille francs par la poste; mais qu'il adressait un mandat sur la succursale de la banque à un de ses confrères en notariat, à Orléans.

Première difficulté, il fallait aller à Orléans.

Mais alors je fis une réflexion que je te soumets :

— Comment donner, comment offrir cette somme?

Pouvais-je aller trouver ce jeune homme et lui dire : J'avais promis de vous épouser; mais, comme vous me déplaisez fort, je me rachète. Voilà cent mille francs.

C'était absurde.

A qui me confier?

Dans ce pays, qui est littéralement hérissé de châteaux, c'est-à-dire de maisons de campagne, je ne connais, je ne vois personne.

Je n'ai qu'une amie... ne te moque pas de moi, c'est une paysanne, et une paysanne qui passe pour sorcière et qu'on appelle la mère Miracle.

La mère Miracle a son franc parler avec tout le monde ; elle entre partout.

J'avais donc pensé à elle pour la charger de cette négociation bizarre.

Mais, dès les premiers mots, la mère Miracle me regarda avec une sorte de tristesse et me dit :

— Vous ne connaissez pas M. Henri, madame.

— Je ne l'ai jamais vu, en effet, répondis-je.

— Pardon répondit la mère Miracle, vous l'avez vu une fois, en forêt, à preuve que vous lui avez demandez votre chemin.

Ces mots me rappelèrent, en effet, que j'avais un soir dépassé dans un chemin forestier un jeune homme en blouse qui portait un fusil sur l'épaule et que j'avais pris pour un braconnier.

Rien ne m'avait dit que c'était *lui*.

— Ah ! vraiment ? repris-je en regardant la mère Miracle ; eh bien ?

— M. Henri est fier ; pourquoi voulez-vous lui donner de l'argent ?

Inutile de te dire que je n'avais fait à la bonne vieille qu'une demi-confidence.

— Mais, lui dis-je, parce qu'autrefois mon père et le sien étaient amis... que je suis riche... et qu'il est pauvre...

Elle me regarda sévèrement, à ces dernières paroles.

— Ce n'est pas une raison pour lui faire l'aumône, dit-elle.

Et puis elle me regarda encore, et son œil s'adoucit.

Puis elle soupira.

— Qu'avez-vous donc ? lui dis-je en tressaillant.

— Rien, me répondit-elle ; des bêtises qui me passaient par la tête.

Je n'insistai pas ; il me sembla qu'elle m'avait deviné.

Depuis lors, il y a de cela huit jours, je n'ai pas revu la mère Miracle, et je suis toujours avec mes cent mille francs déposés chez un notaire d'Orléans.

Seulement ma curiosité m'avait repris. J'aurais voulu revoir le jeune homme que la mère Miracle dit *si fier*; ce paysan ignare qui a conservé ce je ne sais quoi qui éclate dans toute la personne de certains hommes et qu'on appelle *la race*.

Et, remettant à plus tard l'exécution de ton conseil, je repris de plus belle mes promenades en forêt.

L'automne est superbe cette année.

La forêt est peuplée, çà et là, d'arbres verts et jaunes dont les feuilles ne sont pas encore tombées; la mousse est drue sous le pied, la boue et le ciel noir de novembre sont loin encore.

Octobre rayonne dans toute sa splendeur, et le vent est tiède, le soir, comme à la fin du mois d'août.

Quelquefois je monte à cheval toute seule, quelquefois un petit groom m'accompagne.

Tu sais que je vis ici seule avec ma vieille demoiselle de compagnie, qui prend le plus grand soin de mon fils.

Mais l'enfant a cinq ans tout à l'heure; il est volontaire, capricieux, et a besoin d'une surveillance de tous les instants.

Or, ma chère, avant-hier j'avais emmené le groom ; Jean, mon cocher, était allé au village voisin.

Je rentre à la brune et j'entends de grands cris poussés par ma femme de chambre et ma cuisinière.

En même temps, la vieille demoiselle accourt éperdue et me montre la Mare-au-Noyé.

Qu'est-ce que la Mare-au-Noyé ?

C'est un large étang, très-profond, qui s'étend sous les fenêtres du château.

La pêche m'en appartient.

J'ai un bateau plat qui sert à pêcher.

Tandis que la vieille demoiselle lisait, que les bonnes étaient à la cuisine, l'enfant avait détaché le bateau et poussé au large.

Or, il y a au milieu de l'étang un tourbillon rapide dont l'attraction se fait sentir à plusieurs centaines de mètres à la ronde.

Quand on pêche, il faut un homme vigoureux pour maintenir le bateau hors de la portée du tourbillon.

Et au moment où j'arrivais, la barque avait été prise par les dernières circonférences du tourbillon, et elle était rapidement entraînée vers le centre du gouffre avec mon chérubin, qui, devinant le danger, appelait au secours et levait ses petits bras en signe de détresse.

Je n'entreprendrai pas de te dépeindre ni mon épouvante, ni mon désespoir, ma bonne Laure. Je me laissai glisser de mon cheval à terre, et je m'élançai, les bras étendus vers le bord de l'étang.

Déjà mon petit groom, qui est un garçon résolu, s'était jeté à la nage et se dirigeait en droite ligne vers la barque.

Je tombai à genoux et joignis les mains.

Les cris de mon enfant m'arrivaient confus, affaiblis, à mesure que la barque s'éloignait, attirée vers le gouffre, et que le pauvre petit comprenait de plus en plus l'imminence du danger.

Le groom nageait vigoureusement, il atteignit les premières ondées du tourbillon et sa vitesse fut alors paralysée.

La barque n'était pas à dix pas de lui, mais il ne pouvait plus avancer.

Deux fois il étendit les mains, se donna une vigoureuse impulsion et faillit toucher à la barque.

Deux fois, repoussé par le tourbillon, il fut rejeté en arrière.

La barque commençait à tourner sur elle-même.

Mon pauvre enfant, ivre de terreur, ne criait plus et continuait à me tendre les mains.

Le groom luttait toujours, mais la lutte était évidemment inégale.

On devinait que le gouffre aurait bientôt raison de celui qui cherchait à lui arracher une proie.

— Mon Dieu! mon Dieu! m'écriai-je, sauvez mon enfant! mon Dieu! le laisserez-vous périr?

Soudain un homme, que nos cris entendus au plus profond de la forêt avait attiré sans doute, arriva en courant, prit à peine le temps de jeter un fusil et une carnassière, de se débarrasser de sa blouse, et s'élança bravement à l'eau.

C'était un admirable nageur, il allait plus vite qu'un terre-neuve, et il eut bientôt atteint l'endroit où le groom se débattait sans succès, ne pouvant plus ni avancer ni reculer.

Mais il ne chercha point à sauver le groom, il alla droit à la barque.

Elle ne tournait plus, elle tourbillonnait et allait disparaître au fond du gouffre.

Deux secondes de plus et il était trop tard.

Mais le nageur l'atteignit, ne chercha point à contrarier ce mouvement de rotation, et, abandonnant la barque, il s'empara de mon fils évanoui.

Puis, d'un vigoureux coup de pied donné à la barque, qui s'abîmait sous l'eau en ce moment, il se lança hors de l'invincible attraction du tourbillon :

Je le vis alors, moi plus morte que vive, revenir vers moi, nageant d'une main, soutenant mon fils de l'autre.

Quand il eut dépassé les dernières évolutions du tourbillon, il redoubla de vitesse. Deux minutes après, il déposait mon fils sur la berge.

L'espèce de stupeur morale et physique à laquelle j'avais été en proie se dissipa alors ; je retrouvai ma voix, je retrouvai l'usage de mes jambes ; je m'élançai vers cet homme que je n'avais pu voir, les mains tendues, lui criant : Merci !

Mais déjà il avait replongé dans l'étang. Maintenant il allait sauver le groom.

Le pauvre enfant, trahi par sa faiblesse physique, s'épuisait en efforts stériles.

Au lieu de reculer, il avançait peu à peu vers le gouffre ; et le moment n'était pas loin où il serait atteint comme la barque, livré à un mouvement de rotation vertigineuse et entraîné au fond de l'eau.

Mais le sauveur de mon fils arriva à temps.

Il put le saisir par les cheveux et le traîner en arrière.

Malheureusement, ma bonne Laure, l'homme qui se noie paralyse presque toujours les efforts de celui qui veut le sauver.

Le petit groom, épuisé, s'était cramponné à cet homme; il lui enlaçait un bras et une jambe, et celui-ci, déjà fatigué, disparut un moment.

Un nouveau drame recommença.

Tantôt le groom et son sauveur reparaissaient à la surface, tantôt ils s'abaissaient et l'eau se refermait sur eux.

Et nous autres pauvres femmes, clouées par notre impuissance à cette berge fatale, nous nous étions mises à genoux, implorant la miséricorde divine.

Tantôt l'eau bouillonnait, les deux hommes remontaient, et le nageur parvenait à se débarrasser de l'étreinte du groom et à l'entraîner vers la berge.

Tantôt le pauvre enfant, que l'asphyxie gagnait, parvenait à entraîner de nouveau son sauveur dans l'abîme.

Enfin le robuste nageur triompha.

Le groom épuisé ne résista plus, et quelques secondes après, il touchait la berge sur laquelle, par un dernier effort, l'inconnu parvenait à le lancer.

Après quoi ce dernier, s'accrochant à une touffe de saules, prit pied dans la vase, fit un dernier effort et vint tomber épuisé à nos pieds. Il me regarda en souriant, puis ses yeux se fermèrent et il s'évanouit.

Alors, ma bonne Laure, je me penchai sur lui toute frémissante, je le regardai... un souvenir traversa mon esprit...

C'était un jeune homme de vingt ans à peine, et ce jeune homme, je l'avais déjà vu.

C'était le même que j'avais rencontré un soir en forêt et à qui j'avais demandé mon chemin.

Et ce jeune homme qui venait de sauver mon fils au péril de sa vie, tu l'as deviné, n'est-ce pas? c'était celui que dans le pays, on appelle M. Henri.

Maintenant comprends-tu ce qui se passe en moi?

Mon fils est hors de danger; mais lui, son sauveur, il est ici, couché, en proie à une fièvre ardente, et le médecin, que j'ai envoyé chercher en toute hâte, s'efforce de conjurer chez lui une affection cérébrale.

Je laisse ma lettre ouverte... A demain de nouveaux détails. MARTHE, »

CHAPITRE XV

« Voici quarante-huit heures que ma lettre attend un post-scriptum.

Je ne t'ai pas écrit hier, et voici pourquoi : un de ces deux frères qui possèdent maintenant le château des Ormes...

Mais t'ai-je parlé du château des Ormes ?

Je crois bien que non. Pardonne-moi. Il se passe tant de choses autour de moi depuis deux jours, que je perds un peu la tête.

Figure-toi donc, ma bonne Laure, que le château des Ormes est celui que le père de M. Henri, comme on l'appelle, a vendu à un vieux contrebandier belge.

Ce Belge, qui a pris soin de l'orphelin déshérité, est mort l'an dernier.

Il avait deux neveux qui sont venus recueillir la succession, et c'est la visite de l'un d'eux que j'ai reçue hier.

Marc Noël, c'est son nom, est un grand et gros homme plein de bonhomie et de cœur. Il est arrivé, les yeux humides, pour voir M. Henri, en disant :

— Quel malheur !... il aurait pu se noyer.

J'avais passé toute la soirée d'avant-hier au chevet du sauveur de mon fils.

Hier matin il allait mieux ; il parlait même, quand il a vu Marc Noël, de s'en retourner aux Ormes.

Mais je m'y suis opposée, et le médecin m'a donné raison.

Mon fils va bien, le groom est sur pied ; M. Henri seul est dans un état de faiblesse qui ne laisse pas que de m'inquiéter.

Nous avons longuement causé avec le bon Belge, et il est résulté pour moi de cette conversation, c'est que notre pauvre gentilhomme sans patrimoine, qui jusqu'à présent était encore un peu chez lui dans le manoir de ses aïeux, sera obligé de s'en aller au premier matin.

Marc Noël s'est mis à pleurer en me racontant qu'une belle fantaisie amoureuse avait traversé le cerveau de son frère, qui est, paraît-il, aussi laid et presque aussi vieux que lui.

Ce niais épouse une fille de dix-huit ans qui jouit d'une fort mauvaise réputation, a, paraît-il, un caractère de mégère, et ne manquera pas de mettre à la porte mon protégé.

Heureusement j'ai maintenant un prétexte, le salut de mon fils, pour lui faire accepter les cent mille francs !

Ce Belge est parti hier soir après m'avoir accablée de protestations d'amitié naïves, de *savez-vous* et de *tu comprends, madame.*

La fièvre du malade est tombée, et je crois bien qu'il pourra se lever demain.

En attendant, me voilà constituée en sœur grise, étudiant à la dérobée ce pauvre garçon que mon père rêvait pour mon mari.

Il me regarde parfois, quand je lui apporte une potion ou une tasse de tilleul, avec de grands yeux timides et doux.

Un vrai regard de chevrette qui commence à s'apprivoiser.

C'est une vraie chrysalide qui, hélas ! ne sera jamais papillon. Et c'est dommage, ma chère !

Il est joli garçon, il a une main de race, quoique hâlée par le soleil, durcie par les travaux des champs.

Nous avons un peu causé.

Tu penses qu'il est bientôt au bout de son rouleau, le pauvre ignorant !

Mais tout ce qu'il dit est empreint d'un grand bon sens; il a même dans l'expression une tournure originale, qu'accompagne parfois un sourire qui n'est pas dépourvu de finesse et d'esprit.

Et dire qu'une belle meunière rougeaude sera fière d'un tel gars, lorsque je lui aurai fait accepter les cent mille francs !

A quoi sert donc la race ?

Ses aïeux ont vu la cour de Louis XV; lui, le pauvre diable, il n'a jamais porté que des sabots.

Quand je t'ai dit, il y a deux jours, que j'attendais à demain pour fermer ma lettre, je pensais que ce lendemain-là serait marqué par le départ de mon hôte, et je comptais mettre les cent mille francs sur le tapis.

Mais il n'est pas parti... Le médecin, qui est revenu, dit qu'il ne pourra sans danger quitter son lit avant demain.

Il est convenu que Marc Noël viendra le chercher dans sa carriole...

Dimanche soir, 8 heures.

Je suis toute bouleversée, ma bonne Laure.

Cependant il n'est survenu aucun nouveau malheur...

Et pourtant il me semble que je suis la dernière des créatures, et que je porte le poids d'un forfait.

Que s'est-il donc passé?

Je vais te le dire.

M. Henri a pu se lever ce matin.

A l'heure qu'il est, il est parti.

La chambre où on l'avait transporté est au-dessus du petit boudoir où je me tiens ordinairement.

Quand je l'ai entendu marcher, j'ai éprouvé une sensation singulière, bizarre même; quelque chose comme ce serrement de cœur qui s'empare de nous quand nous sommes sur le point de partir nous-mêmes pour un voyage ou de voir partir ceux que nous aimons.

Une heure après, les grelotières de la grosse jument de Marc Noël et le bruit de ferraille de son antique carriole se sont fait entendre dans la cour.

Mon serrement de cœur a augmenté.

Enfin ma femme de chambre est venue me

dire que *cet homme* demandait à prendre congé de moi.

Cet homme !

Ce n'était pas du Belge qu'elle parlait, mais de ce pauvre garçon à qui je dois la vie de mon fils.

J'ai failli congédier Mariette : cette expression me révoltait.

Le jeune homme est entré, humble, timide, son chapeau à la main.

Je lui ai indiqué un siége et, d'un geste, j'ai renvoyé Mariette.

J'étais, du reste, toute tremblante, et j'attendais qu'il ouvrît la bouche.

Tout le beau discours que j'avais préparé à son intention s'était envolé de ma mémoire.

Enfin je me suis armée de courage et mal m'en a pris, comme tu vas voir !

— Monsieur de Beauchêne, lui ai-je dit d'une voix émue en l'appelant du nom de ses pères, est-ce que vous avez l'intention de retourner aux Ormes aujourd'hui ?

— Oui, madame.

— Ne vous sentez-vous pas encore un peu faible ?

— Oh ! non.

Et il s'est mis à rougir.

— Et puis, m'a-t-il dit avec un accent ému, je ne saurais, en vérité, madame, abuser plus longtemps de vos bontés.

— Mes bontés?

Il oubliait donc que je lui devais la vie de mon fils.

— Mais, monsieur, me suis-je écriée, en vérité vous oubliez ce que vous avez fait pour moi.

— Oh! fit-il simplement, c'était si naturel.

— Et je voudrais vous en témoigner ma reconnaissance, poursuivis-je.

Il me regarda avec un naïf étonnement.

— Et si je pouvais...

Je tremblais en parlant ainsi, mais un courage vertigineux m'entraînait.

— Et si je pouvais... continuai-je, vous offrir une marque de mon estime... un souvenir... un....

Je balbutiais affreusement; ce malheureux chiffre de cent mille francs était dans ma gorge et cherchait à en sortir.

Oh! ma chère Laure, heureusement je ne l'ai pas prononcé.

M. Henri, tandis que je parlais, s'était levé et me regardait à son tour avec une sorte d'effroi douloureux.

3.

Il était pâle comme une statue de marbre.

Et, tout à coup, faisant un pas en arrière, il m'a saluée en me disant :

— Adieu, madame ; j'ai l'habit d'un paysan, mais j'ai conservé l'âme d'un gentilhomme.

Que s'est-il passé à partir de ce moment?

Je ne sais plus ; ma tête s'égare, et je me demande comment je ne me suis pas jetée aux genoux de ce jeune homme pour lui demander pardon.

Il était dans la carriole de Marc Noël, qui disparaissait déjà au tournant de l'avenue, que j'étais encore là, immobile, stupide, n'ayant plus la conscience de ce qui se passait autour de moi.

Il est parti après avoir sauvé mon enfant, et, pour prix de son dévouement, je l'ai humilié.

C'est affreux et je me trouve odieuse.

Ah! ma bonne Laure, pourquoi donc m'as-tu donné cette malheureuse idée des cent mille francs?

Maintenant que faire?

Comment réparer mes torts? comment tenir mon serment ou l'éluder?

Ma tête se perd, réponds-moi.

MARTHE. »

CHAPITRE XVI

Cinq jours après, Mme de Lassenie avait répondu et la baronne Mercier recevait la lettre suivante :

« Mon cher liséré rouge,

Les odeurs pénétrantes de l'automne, les feuilles jaunies, le silence et le mystère mélancolique des grands bois, les promenades au soleil couchant au bord des étangs solitaires : tout cela, je le vois, te monte à la tête et égare quelque peu ton bon sens et cette froide raison qui ne devrait jamais nous abandonner complétement.

J'ai lu ta lettre, je l'ai relue.

Ce n'est pas une lettre, c'est un journal.

Ce n'est pas de la vie réelle, c'est du roman, par exemple un livre de Sandeau.

Si tu avais la moindre tendance à la phthisie, si tu toussais un brin, je croirais lire une pastor le d'Etienne Enault.

Mais, ma chère belle, que ce jeune homme se soit jeté à la nage, ait repêché ton fils et te l'ait rendu, c'est fort bien.

Cependant il n'y a là qu'une action fort simple. Le premier bûcheron venu, sachant nager, en eût fait autant.

Maintenant tu dis l'avoir froissé.

Comment? de quelle manière?

Il ne lui manquait plus que d'être fier pour devenir poétique à tes yeux.

C'est de la folie, cela, ma Marthe chérie, et Paul, à qui j'ai tendu ta lettre, a eu l'impertinence de rire aux éclats.

Tu le gronderas, n'est-ce pas? ce M. Paul de Lassenie, mon seigneur et maître, qui lit par-dessus mon épaule, tandis que je t'écris ; tu le gronderas bien fort et tu le remercieras ensuite, car il a trouvé, lui, le moyen de te tirer de ce joli guêpier où vous vous êtes fourrée presque de gaieté de cœur, ma toute belle.

Ecoute. Tu vas voir.

Tu vas d'abord quitter ce joli manoir si poétique, si bien perdu au milieu des bois, et sous le toit duquel ta petite tête s'échauffe et délire.

Tu ne diras pas un mot de ton départ à la mère Miracle.

La sorcellerie n'est plus de mode.

Comme on rirait à Paris, si on savait que la jolie baronne Mercier, qui n'a qu'à faire un signe pour mettre à ses pieds la moitié du Paris à moustaches, consulte une sorcière de village, ni plus ni moins que ces créatures qu'on appelle, je crois, les *petites dames*, se font les cartes pour savoir ce que leur réserve l'avenir.

Tu viendras nous voir.

Notre Touraine, chantée par tant de poëtes, avec son doux ciel, ses grands horizons bleus, ses ruines pittoresques, ses vertes prairies et ses belles collines chargées de vignobles, n'est, auprès de la forêt sentimentale, que le pays le plus banal et le plus vulgaire.

Plus de sorciers, plus de héros de roman ; pas le moindre sire de Ravenswood drapé dans sa pauvreté.

Nos routes sont macadamisées, nos châteaux restaurés ; nos gentilshommes fument des londrès, chassent à cheval, se promènent en breack et s'habillent le soir pour dîner.

Nous nous amusons beaucoup; mais pas la moindre poésie, ma chère!

Je te conseille donc de nous rejoindre au plus vite. Nous te garderons juste le temps nécessaire pour te guérir et te remarier.

Ceci n'est pas difficile.

Je te donne le choix entre...

Mais non, tu ne sauras rien avant ton arrivée.

Peste! j'oubliais que tu es une femme d'imagination.

Maintenant arrivons au remède trouvé par Paul.

C'est effrayant de simplicité, comme tu vas voir, et cependant il soulagerait la conscience timorée d'un casuiste.

Le point de départ étant donné, — j'ai des formules algébriques, comme dit Paul, — que M. de Beauchêne s'est ruiné par cent folies, il est très-facile d'admettre qu'il a prêté de l'argent à tort et à travers, à Dieu et au diable.

Rien de plus facile, par conséquent, que d'inventer un débiteur.

Ce débiteur restitue au fils les cent mille francs prêtés par le père.

Paul t'arrangera cela à merveille ; le *sauveur de ton fils,* comme on l'appelle, épousera la meunière, et tout sera pour le mieux dans le meilleur des mondes.

Nous te donnons deux jours pour faire tes caisses.

On est très-mondain en Touraine, et je t'engage à ne pas nous arriver sans un important excédant de bagage.

Prends le train de Tours qui part à midi d'Orléans ; tu seras à deux heures et demie à Amboise.

Paul et moi, nous t'attendrons à la gare avec notre grand omnibus de famille.

On va dix ou douze crinolines à l'intérieur, les hommes se sont entassés jusqu'à quinze sur l'impériale, et nos quatre juments percheronnes traînent tout cela comme une *araignée.*

Deux heures après, nous serons au château, laissant Chenonceaux sur la gauche.

Le soir, nous te présenterons une demi-douzaine de nos voisins, dont deux célibataires, qui se couperont un peu la gorge pour toi, dès le lendemain, si tu ne mets une sourdine à ta coquetterie et si tu n'embéguines un peu ta rayonnante beauté.

Ainsi donc, c'est convenu, et nous t'attendons. Un télégramme d'Orléans, et nous partons.

Ton liséré bleu,

LAURE. »

Mme la baronne Mercier avait souri parfois en lisant cette lettre.

Puis son front s'était assombri de nouveau.

Puis enfin une larme furtive, après avoir longtemps roulé dans ses yeux, se détacha et tomba sur le papier.

Cette lettre venait-elle donc trop tard?

— Maman! maman! cria une voix enfantine au seuil du boudoir.

La baronne alla ouvrir la porte, car l'enfant n'était pas encore assez haut sur ses petites jambes pour atteindre le bouton de la porte.

— Maman, dit-il en entrant, c'est un monsieur tout noir qui vient là-bas.

— Qu'est-ce que cela, mon ami, un monsieur tout noir? fit la baronne.

Et elle prit son fils par la main, sortit avec lui du boudoir, traversa le vestibule et vint jusque sur le perron.

Le monsieur tout noir était un cavalier qui arrivait au petit trot dans une des allées forestières qui convergeaient au château.

Ce cavalier était un prêtre.

La baronne se souvint du récit que lui avait fait la mère Miracle touchant le nouveau curé de Saint-Donat.

Elle reconnut le cheval fleur-de-pêcher qui était célèbre dans toute la contrée; elle devina dans ce grand vieillard à cheveux blancs le marquis Duval de Champerret.

Le vieillard mit pied à terre et vint à elle en lui disant :

— Madame la baronne, je suis depuis quinze jours curé de Saint-Donat, et je fais une visite à tous mes paroissiens.

La baronne le regarda, et une espérance descendit dans son cœur troublé.

N'était-ce pas le médecin de l'âme que lui envoyait la Providence ?

CHAPITRE XVII

C'était le soir du mariage de Joseph Noël avec mamselle Adèle Roquillon.

La cérémonie avait eu lieu avec toute la pompe villageoise possible.

La jeunesse de Saint-Donat avait tiré des coups de fusil.

Pendant la messe, la musique des pompiers s'était fait entendre.

Le soir, on dansait chez Roquillon, après un de ces repas gargantuesques que les paysans ne font que deux ou trois fois dans leur vie.

Tout le monde était radieux, depuis le grand Jacques, à qui son oncle avait donné le fameux morceau de pré, jusqu'au bon Marc Noël lui-même, qui se trouvait heureux du bonheur de son niais de frère.

On appelait déjà la Roquillone Mme Noël gros comme le bras.

Un poëte du cru avait composé un épithalame qui, chanté au dessert, eut un succès fou.

A neuf heures, les jeunes filles entourèrent la mariée et lui offrirent un bouquet.

En même temps, une couronne de fleurs, suspendue au-dessus de sa tête par une ficelle, descendit lentement et la coiffa.

Les pompiers reprirent leurs instruments et la cacophonie recommença.

A minuit, tout le monde était plus ou moins enluminé et chancelant.

Un seul des convives n'avait ni bu ni mangé. C'était M. Henri.

Son corps était au village, mais son âme était ailleurs.

Le grand Jacques, le beau meunier, l'avait même surpris, une larme au coin de l'œil, et il en avait tiré la conclusion que certainement il comprenait que l'heure de quitter le château des Ormes allait bientôt sonner pour lui.

Mais, comme on le pense bien, ce n'était pas là le vrai souci du pauvre gentilhomme.

Il songeait au château de Reuil, que sans doute il ne reverrait plus, car sa résolution de quitter Saint-Donat était plus inébranlable que jamais.

A minuit donc, Joseph Noël, qui se croyait au paradis et avait achevé de noyer sa raison dans des flots de vin de la Loire, Joseph Noël se leva et annonça son intention de conduire sa jeune femme au domicile conjugal.

La Roquillone, qui savait son rôle à merveille, fondit en larmes en se jetant dans les bras de son père.

Le digne cabaretier crut devoir pleurer aussi, et ce fut un petit moment d'émotion qui trancha agréablement sur la gaieté universelle.

La noce se mit donc en route, la musique en avant.

Il faisait un beau clair de lune et les chemins étaient secs, ce qui est rare dans l'Orléanais, dont la terre est, selon l'expression rustique, une *terre de bonne amitié*.

Roquillon était resté dans la maison, selon l'usage.

De Saint-Donat aux Ormes, il n'y a que deux kilomètres. Le trajet se fit donc en moins d'une demi-heure.

Les pompiers soufflaient dans leurs instruments avec un zèle digne de plus d'harmonie et de justesse.

La jeunesse continuait à tirer des coups de fusil.

On eût offert la couronne de Belgique à Joseph Noël, qu'il l'eût refusée, tant il était heureux en ce moment.

Il lui semblait qu'à cette heure, le monde entier avait les yeux sur Mme Noël, sa légitime épouse.

Marc avait pris M. Henri par le bras et tous deux marchaient derrière les mariés.

Le bon Belge disait tout bas :

— Si mon frère est heureux, tout ira bien ; mais je crois que la petite a une fameuse tête, savez-vous ?

— Ah ! fit Henri, dont la pensée était toujours ailleurs.

— C'est égal, reprenait le bon Belge, c'est plaisant tout de même, une noce. J'aime ça, moi. On boit et on mange, savez-vous ?

— Et ça n'est pas fini, mon compère, n'est-ce pas ? dit le grand Jacques en frappant familièrement sur l'épaule de Marc Noël.

— Nous allons recommencer au château, dit naïvement le bon Belge, et nous boirons jusqu'au jour, et demain on mangera et on boira encore, et comme ça jusqu'à dimanche ; pas vrai, Joseph?

Et Marc, à son tour, frappa sur l'épaule de Joseph.

— Certainement qu'on boira, répondit ce dernier.

Mais la Roquillone lui pinça le bras, et lui dit à mi-voix :

— Qu'est-ce que vous dites donc là?

— Les domestiques sont levés, dit Joseph. On mettra la table et on ira à la cave.

— Vous êtes fou, dit la Roquillone.

— Mais... il me semble... balbutia Joseph, qui sentait en ce moment la première pointe de ce collier de force qu'il venait de se passer... il me semble... que...

— Il vous semble quoi? dit-elle d'un ton sec.

— Qu'on ne peut pas renvoyer tous ces braves gens comme ça, sans leur faire boire un coup.

— Il vous semble mal.

— Cependant...

— Je ne veux pas tenir auberge chez moi, c'était bon chez mon père.

— L'accent de Mme Noël était devenu tellement impérieux, que Joseph Noël comprit que désormais sa volonté ferait loi.

La noce arriva sous les murs du château. Marc disait :

— Allons, mes amis, nous allons défoncer une futaille de défunt mon oncle.

Mais Joseph s'approcha et lui dit :

— Non, mon frère, pas ce soir.

— Pourquoi donc ça? fit Marc, stupéfait.

— Parce que ma femme ne le veut pas.

Et Joseph baissa la tête, et, malgré tous les jurons de Marc Noël, la noce n'entra pas et fut obligée de s'en retourner comme elle était venue.

. . . .

Le grand Jacques, le biau meunier, riait à gorge déployée, tandis que les pompiers et les gens s'en allaient en murmurant.

— Croyez-vous pas, disait-il, que ce bélître a fait une belle affaire!

Quand on pense qu'elle avait songé à moi dans un temps, la Roquillone.

— Elle les fera mourir de chagrin, ces deux pauvres vieux, ajouta Simon, le garde champêtre.

— C'est possible, murmura une voix au bord du chemin, mais elle finira mal, elle aussi.

Et l'on vit se dresser la mère Miracle, qui n'était pas de la noce, derrière un buisson, et la prophétie de la sorcière fit courir un léger frisson dans les veines de tous ces hommes avinés.

CHAPITRE XVIII

Tandis que le château des Ormes recevait une châtelaine, et que la Roquillone devenait Mme Noël, le nouveau curé de Saint-Donat, c'est-à-dire notre vieil ami l'abbé Duval, s'installait petit à petit et continuait ses visites de bienvenue dans le voisinage.

C'est une pauvre demeure que le presbytère de Saint-Donat.

Celui de Saint-Florentin est un palais auprès.

D'abord, des fenêtres de ce dernier, on aperçoit le magnifique panorama de la Loire; ensuite le jardin, ce pauvre jardin dont maître Bigorne avait tant médit, était immense auprès de celui de Saint-Donat. Ici point de vue, un jardinet grand comme la main, une maison à un seul étage, avec un escalier de bois et deux ou trois chambrettes lambrissées.

Tout cela adossé à l'église, qui projetait du matin au soir une grande ombre sur le jardin et masquait les rayons du soleil.

Aussi, depuis une quinzaine de jours, que le bon curé avait pris possession de sa nouvelle paroisse, la vieille Manon, sa gouvernante, poussait-elle de gros soupirs.

Mais le vieux prêtre avait conservé sa physionomie calme et sereine.

Soldat de Dieu, comme il avait été soldat de la France, il savait obéir, et il acceptait les volontés de ses supérieurs sans murmures.

Et puis, dès le premier jour, M. Duval avait compris pourquoi on l'envoyait à Saint-Donat.

Il y avait beaucoup à faire dans cette pauvre petite commune forestière.

Deux ou trois mauvais sujets, dont le grand Jacques, avaient peu à peu corrompu le pays.

Les mauvaises mœurs s'y étaient glissées comme dans une grande ville, et la Roquillone, cette fille effrontée, parvenant à se faire épouser par un imbécile, était loin d'être une exception.

C'était une œuvre de régénération à entreprendre, et M. Duval s'était mis courageusement à l'œuvre dès le premier jour.

Il avait trouvé dans le pays même un auxiliaire : c'était la mère Miracle.

La mère Miracle connaissait le bourg, les hameaux, les fermes, les châteaux, comme sa propre maisonnette.

Les indications qu'elle donna à M. Duval lui furent même tout d'abord d'une grande utilité. Ainsi elle lui parla, dès le premier jour, de la châtelaine du château de Reuil.

Ce qu'elle lui en dit donna à penser au vieux curé qu'il y avait là une âme inquiète, un esprit troublé qui peut-être avait besoin d'une parole amie et consolatrice.

Comme nous l'avons vu, il avait fait une première visite à la baronne Mercier, précisément le jour où elle recevait cette lettre un peu folle de son amie Mme de Lassénie. Mais, on le pense bien, une première visite devait se borner à un échange strict de courtoises banalités.

Cependant, comme au bout d'une demi-heure le vieux prêtre se levait pour prendre congé, la baronne lui dit :

— Ne reviendrez-vous pas me voir quelquefois, monsieur le curé?

Ce n'était pas une invitation, c'était une prière.

El le curé revint en effet trois ou quatre jours après, puis la semaine suivante.

Chaque fois, il lui semblait que la mélancolie de la jeune femme augmentait.

Son secret paraissait errer sur ses lèvres, et cependant elle ne le confiait point.

Enfin, un matin, c'était deux ou trois jours après le mariage de Joseph Noël, le petit groom du château de Reuil vint au presbytère de Saint-Donat, porteur d'une lettre de la baronne.

Le curé l'ouvrit et lut :

« Monsieur le curé,

« Auriez-vous l'amabilité d'accepter à dîner au château de Reuil, ce soir ? C'est une pauvre femme bien triste, bien seule, bien tourmentée et résolue à s'ouvrir à vous, qui vous fait cette prière.

« Votre paroissienne,

« MARTHE MERCIER. »

— J'irai, répondit le curé au groom, qui remonta sur sa pouliche et partit au galop.

— Eh ! Bigorne, dit le curé à son sacristain, n'ai-je pas une malade à voir à la *Poulardière ?*

— Oui, monsieur, dit Bigorne.

— Eh bien, selle Coco.

— Monsieur le curé m'emmène-t-il avec lui?

— Non, c'est inutile.

— Monsieur le curé, dit Manon entre-bâillant la porte de la cuisine, qui donnait dans le cabinet même de l'abbé, est-ce que vous allez encore revenir dîner à onze heures du soir?

— Je ne reviendrai pas dîner du tout, répondit le curé en souriant.

Quelques minutes après, il montait à cheval et prenait la route de la Poulardière, qui était en même temps la route du château de Reuil.

La Poulardière est une ferme qui appartient à l'assistance publique.

Elle est entourée d'un lot de bois qui forme une enclave de la forêt.

Les hospices louent la chasse de ces bois à quelques petits propriétaires, à demi braconniers, qui en profitent pour chasser dans la forêt.

Les fermiers de ce droit de chasse étaient alors au nombre de quatre : deux de Saint-Donat, deux de Saint-Florentin.

Ces deux derniers, — nous les connaissons déjà, — n'étaient autre que le père Boutteville le vendeur de Bellevue, et ce bon M. Jouval, l'usurier par excellence, à qui tout le pays devait de l'argent.

Or, comme M. le curé Duval entrait dans les bois de la Poulardière, il entendit deux coups de fusil tout près de lui, et, en même temps, M. Jouval lui apparut au bord du chemin, suivi d'un chien d'arrêt qui portait dans la gueule un lièvre tout gigottant encore.

CHAPITRE XIX

Le curé Duval connaissait parfaitement M. Jouval et savait, comme on dit, ce qu'en valait l'aune.

Il n'avait ignoré aucune des viles intrigues auxquelles le marchand de biens s'était livré soit envers le Mulot, soit envers M. Anatole de Misseny.

M. Jouval, dans les rues de Saint-Florentin, affectait de passer à côté du curé et de ne point le saluer.

Le curé n'y prenait garde et rencontrait M. Jouval avec la plus parfaite indifférence.

Cependant, en se trouvant presque face à face avec lui, ce jour-là, dans les bois de la

Renardière, M. Duval éprouva un sentiment de bizarre appréhension.

Le marchand de biens n'était pas seul.

Un jeune homme s'avançait derrière lui dans la ligne forestière, ayant également un fusil sur l'épaule.

Ce jeune homme, le vieux prêtre ne l'avait encore vu qu'une fois ; mais on lui en avait beaucoup parlé, surtout la mère Miracle.

C'était M. Henri.

Le curé Duval s'intéressait à lui déjà, comme on s'intéresse à tous ceux qui sont la victime des fautes paternelles ; aussi fit-il un mouvement de surprise en le voyant en compagnie de M. Jouval, l'homme sans foi ni loi et généralement méprisé autant qu'il était craint.

M. Henri salua le curé et passa son chemin.

M. Jouval regarda insolemment le vieux prêtre et, prenant le jeune homme par le bras, il l'entraîna sous bois, et tous deux disparurent aux yeux de M. Duval, qui continua sa route tout pensif.

Il arriva à la Poulardière, la ferme où il y avait un malade.

Dans tout ce pays-là, quand on est malade, c'est qu'on a les fièvres ; il n'y a guère d'autres maladies.

Le malade que le curé allait voir était un pauvre garçon de charrue, venu de la Beauce, qui est une terre saine et en bon air, et qui payait son tribut au climat morbide de la forêt d'Orléans.

Le bon curé lui donna du sulfate de quinine à prendre par doses, lui prescrivit de se tenir chaudement, et, remontant à cheval, il prit le chemin du château de Reuil.

La baronne attendait le vieux prêtre avec une sorte d'anxiété.

Quand les domestiques aux aguets signalèrent le bidet fleur-de-pêcher et le monsieur tout noir, à l'extrémité de l'avenue, elle eut comme un battement de cœur.

Puis elle prit son fils par la main et s'avança à la rencontre de l'abbé Duval.

L'abbé mit pied à terre, passa la bride à son bras; puis, après les compliments d'usage, il se mit à marcher auprès d'elle.

La baronne avait une certaine volubilité de paroles qui ne lui était pas ordinaire.

M. Duval crut remarquer chez elle un peu de fièvre et d'anxiété, et il pensa qu'il pourrait bien, ce soir-là, emporter les confidences de la jolie veuve.

La vieille demoiselle qui servait de dame de

compagnie à la baronne était une personne insignifiante, qui ne s'occupait que de l'enfant; on l'appelait Mlle Préauclerc.

Un type, du reste :

Vieille, laide, bavarde, elle parlait à chaque instant de sa famille, qui tenait, disait-elle, un rang dans le Blaisois.

Mlle Préauclerc n'était donc pas une ressource pour la baronne Mercier.

Mais elle ne la gênait pas beaucoup non plus.

Cependant la conversation, durant le dîner, ne put s'étendre que sur des banalités.

Ce ne fut que lorsque la vieille demoiselle se fut levée pour aller coucher l'enfant, que Mme Mercier conduisit le vieux prêtre dans le petit salon du rez-de-chaussée, où elle se tenait d'ordinaire.

Alors sa physionomie, fiévreusement enjouée jusque-là, devint triste et rêveuse, et M. Duval lui dit :

— Madame, vous m'avez appelé... je suis venu... Dites, que puis-je faire? Avez-vous besoin, comme on dit, du médecin de l'âme?

— Oui, monsieur le curé, répondit-elle.

Alors, simplement, naïvement, la jeune femme s'ouvrit tout entière au vieux prêtre.

Elle lui parla de son enfance solitaire derrière les grilles d'un couvent, et de l'abandon moral où son père, homme de plaisir, l'avait laissée jusqu'à son mariage.

Puis elle lui peignit son éphémère bonheur conjugal, sitôt brisé par la mort.

Et ensuite, les douleurs mornes de son veuvage, et ce besoin ardent d'affection qui l'avait rapprochée de son père; enfin la fin tragique de celui-ci.

Sa voix tremblait bien fort, lorsqu'elle en arriva à ce bizarre serment qu'elle lui avait fait au lit de mort.

Alors seulement le curé Duval tressaillit et devina. Mais son paternel et doux visage inspirait si bien une confiance absolue, que la baronne s'épancha librement, et peut-être même à son insu, tant il est vrai que souvent le cœur humain s'ignore lui-même. Elle raconta avec chaleur l'héroïque dévouement de M. Henri; elle s'accusa, d'une voix émue, de l'avoir pour ainsi dire humilié...

Que devait-elle faire?

Ses paroles, presque sévères, étaient à chaque instant démenties par l'accent ému avec lequel elle les prononçait.

Chaque phrase se terminait par le mot impossible, et, ce mot prononcé, son émotion redoublait.

Enfin le vieux prêtre osa lui prendre la main :

— Madame, lui dit-il, je n'ai pas toujours été un pauvre curé de campagne, ignorant des choses du monde et ne sachant que ce qu'on apprend au séminaire. Hélas ! j'ai connu les orages de la vie, et c'est un de ces orages qui m'a jeté dans les bras de Dieu.

Elle le regardait avec une sorte d'effroi.

— Madame, continua-t-il, votre âme est plus malade que vous ne le croyez.

Et comme elle levait sur lui un œil éperdu :

— Ce jeune homme, dit-il, ce paysan, ce pauvre garçon élevé aux champs et n'ayant conservé de son origine que cette fierté de sentiment que nous appelons volontiers de la race, vous l'aimez!...

La baronne Mercier jeta un cri et couvrit son front rougissant de ses deux mains.

— Mon Dieu ! murmura le prêtre, vous dont les vues sont parfois impénétrables, ne viendrez-vous pas à notre aide?...

Que se passa-t-il alors entre le vieux prêtre et la jeune femme ?

Nul ne le sut ; mais, quand l'abbé Duval

quitta le château de Reuil, la baronne était plus calme, et sans doute que la parole du vieillard avait fait pénétrer dans son âme troublée un mystérieux apaisement.

CHAPITRE XX

Tandis que le curé Duval recevait au château de Reuil les confidences de la baronne, M. Jouval, notre ancienne connaissance de Saint-Florentin, soupait à la ferme de la Poulardière en compagnie de M. Henri.

M. Henri était un pauvre diable qui n'avait ni sou ni maille, et M. Jouval n'avait pas pour habitude de fréquenter ces gens-là.

Cependant, depuis plus de huit jours, M. Jouval venait chasser tous les matins à la Poulardière et ne s'en allait que lorsqu'il était bien certain qu'il n'y rencontrerait pas M. Henri.

Six jours de suite, le marchand de biens en avait été pour ses frais.

Le septième, il avait trouvé le jeune homme au bord des terres, et il lui avait proposé de chasser avec lui.

M. Henri ne connaissait guère M. Jouval; mais ce dernier avait un air si jovial et si rond, qu'il savait séduire son monde à première vue.

Avant midi, le marchand de biens et M. Henri étaient les meilleurs amis du monde.

Les gens de la Poulardière tiennent auberge à l'occasion pour les chasseurs.

M. Henri se laissa entraîner par M. Jouval, qui demanda une omelette au lard et fit mettre à la broche deux perdreaux qu'il avait dans sa carnassière.

On chassa de nouveau après déjeuner, et on revint souper à la Poulardière.

Dès le premier jour de son installation aux Ormes, comme maîtresse de maison, la Roquillonne avait été si peu avenante pour M. Henri, que celui-ci partait le matin, revenait le soir, évitait de rencontrer la nouvelle châtelaine, et vivait le plus souvent, toute la journée, d'un peu de pain et de fromage.

M. Henri était de plus en plus décidé à se faire soldat et à quitter le château des Ormes.

Et cependant il remettait toujours son départ au lendemain, et chaque jour, son fusil sur l'épaule, il s'enfonçait sous bois, jusqu'à ce qu'il eût vu poindre à l'horizon les tourelles de Reuil.

Alors il soupirait et revenait brusquement sur ses pas, comme s'il eût eu honte de sa propre faiblesse.

Or donc, ce soir-là, M. Henri, qui avait empli sa carnassière, ne s'était pas trop fait prier pour accepter le souper de M. Jouval.

Il est vrai que ce dernier était venu le matin, jusqu'à la ferme des hospices, dans son cabriolet. M. Henri avait soulevé le coffre et avait glissé dedans un lièvre et quatre perdreaux : c'était sa manière de payer sa part du souper. On se mit donc à table.

Le coffre du cabriolet renfermait deux bouteilles de vieux vin.

C'était un cru de Bourgogne, chaud à l'estomac et capiteux en diable.

Les deux bouteilles y passèrent.

M. Jouval versait à boire à M. Henri, qui commençait à n'être plus très-sûr de lui; et, tout en lui faisant raison, il l'appelait M. le comte.

C'était la première fois peut-être que le titre de ses aïeux résonnait à ses oreilles.

M. Henri trouvait M. Jouval d'une aménité parfaite.

Mais il se sentit attiré vers lui complétement, lorsque celui-ci lui eut dit :

— Savez-vous, monsieur, que j'ai beaucoup connu M. votre père?

— Vous l'avez connu? fit Henri avec émotion.

— Et s'il avait écouté mes conseils...

Henri baissa la tête et ne put s'empêcher de rougir; il avait si grand'peur que la mémoire de son père fut attaquée!

Mais, d'un mot, M. Jouval le rassura.

— C'était bien le meilleur et le plus honnête des hommes que M. le comte, dit-il.

Henri respira.

— Mais trop bon, trop facile, prêtant de l'argent à tout le monde et ne le faisant jamais rentrer, continua le marchand de biens.

Henri le regarda avec étonnement.

— Tenez, poursuivit M. Jouval, je vais vous dire une chose qui vous étonnera peut-être.

— Parlez, dit M. Henri, en proie à une vague curiosité.

— Eh bien, quand votre père s'est cru ruiné, il ne l'était qu'à moitié.

— Comment cela?

— Ah! si j'avais été chargé de affaires,

III

moi, je lui aurais fait rentrer plus de cent mille francs.

A ce chiffre froidement énoncé, M. Henri regarda M. Jouval. Cet homme se moquait-il de lui? Mais M. Jouval continua avec un calme parfait et un grand accent de sincérité :

— Voyez-vous, monsieur le comte, ce n'est pas tout à fait par hasard que je vous ai rencontré aujourd'hui.

— Vraiment? dit M. Henri.

— Il y a longtemps que je cherchais une occasion.

L'étonnement du jeune homme redoubla.

M. Jouval posa ses deux coudes sur la table, prit son air le plus bonasse et continua :

— Je suis un honnête homme, moi, voyez-vous, et quand bien même M. le comte, votre père, ne m'aurait pas honoré de son amitié, je croirais de mon devoir de vous dire la vérité.

— Expliquez-vous donc, dit M. Henri, à qui le vin bourguignon montait de plus en plus à la tête.

— Eh bien, vous vous croyez pauvre...

— Oh! comme Job.

— Et c'est une vraie hospitalité que vous recevez aux Ormes ?

— Sans doute, puisque mon père a tout vendu.

Un sourire passa sur les lèvres de M. Jouval.

— Ah! monsieur Henri, dit-il, pardonnez-moi de vous appeler comme ça ; on voit bien que vous ne savez pas la vérité.

— Oui, mais je veux la savoir !

— Vous avez plus de deux cent mille francs à vous, monsieur Henri.

Le jeune homme regarda M. Jouval d'un air hébété.

— Deux cent mille francs! répéta le marchand de biens. Seulement il s'agit de les faire rentrer.

— Ah!

— Et si vous voulez que je m'en charge?...

— Deux cent mille francs! murmurait M. Henri, abasourdi, deux cent mille francs!...

Et le château de Reuil dansait devant ses yeux troublés, avec sa Mare-au-Noyé, toute resplendissante des clartés de la lune...

Et il lui semblait voir en même temps, se penchant à l'une des fenêtres pour interroger l'horizon, cette femme si loin de lui par l'éducation et la fortune, et dont peut-être... quand il aurait ces deux cent mille francs que M. Jouval faisait sonner dans son imagination affolée.

M. Henri eut le vertige, et il se jeta sans défiance et sans défense dans les bras du terrible usurier.

Quel était donc le but ténébreux de M. Jouval ?

CHAPITRE XXI

M. Jouval était, comme on dit, un homme d'inspiration.

Un mot prononcé devant lui, une idée à peine ébauchée suffisaient à lui ouvrir tout un horizon.

Voici ce qui lui était arrivé :

Le dimanche précédent, les habitués du café de l'Univers, à Saint-Florentin, étaient au grand complet, sauf le père Boutteville, qui *était de noce.*

C'est-à-dire qu'il y avait au moins trois jours que le vieux fermier était à Saint-Donat, où les ripailles se succédaient, à l'occasion du mariage de Joseph Noël.

L'absence du père Boutteville était chose assez importante pour qu'on en fît la remarque ; et puis on s'entretenait volontiers de ce mariage, qui mettait le comble à l'ambition du cabaretier Roquillon et couvrait de ridicule les bons Belges.

Une fois que la conversation fut sur ce sujet, elle s'épuisa.

Des neveux, on remonta à l'oncle, qui avait acheté à réméré la terre des Ormes du prodigue M. de Beauchêne.

— Combien y a-t-il donc d'années de cela ? demanda M. Jouval.

— Dix-huit ans, répondit Ulysse le tonnelier.

— Et de combien d'années était le réméré ?

— Vingt ans.

— Ce qui fait que si le fils avait de l'orgueil et qu'il voulût racheter, il en serait temps encore, observa M. Jouval.

— Et il ferait une bonne affaire, dit un des habitués, ancien fermier sur la commune de Saint-Donat.

— On fait toujours une bonne affaire en rachetant son bien, dit M. Jouval avec un ton de parfaite indifférence.

— Surtout quand il a doublé de valeur.

— Hein ? fit le marchand de biens.

— Voyons, monsieur Jouval, reprit Ulysse, personne ne s'y peut connaître mieux que vous. En 1840, qu'est-ce que valaient les terres ?

— Un tiers de moins que ce qu'elles valent.

— Va pour un tiers. Mais M. de Beauchêne laissait souvent des hectares entiers en friche : ici il laissait des semis pour ses faisans, là il laissait le chaume pour créer des remises aux perdreaux.

Comme la chasse était sa grande préoccupation, il négligeait la culture, et les fermiers, qui louaient bon marché, ne marnaient ni ne fumaient.

Quand le Belge est venu, tout a changé. On vous a retourné quinze fois chaque motte de terre, et il y a aujourd'hui quinze cents arpents d'un seul tenant, presque tous de terre grasse et brune comme on en trouve en Gâtinais.

— Et combien de bois ?

— Cinq ou six cents arpents.

— Et pour quelle somme M. de Beauchêne a-t-il vendu ?

— Pour trois cent quarante mille francs. Ce n'est pas la moitié de ce que cela vaut aujourd'hui.

— Si M. Henri avait cette somme pourtant,

dit Ulysse, son réméré à la main, il pourrait racheter.

Le fermier qui avait été à Saint-Donat prit la parole :

— Oui, mais M. Henri n'a pas le sou ; et puis, il est quasiment toujours chez lui au château, et enfin c'est un paysan pire que nous et qui ne sait rien des affaires.

M. Jouval ne souffla mot.

Mais Ulysse ajouta :

— Oui, il était chez lui aux Ormes, tant que les deux Belges n'étaient pas mariés ; mais aujourd'hui c'est une autre paire de manches.

— Pourquoi cela ?

— Mais, parce que la fille à Roquillon est une commère qui vous l'aura flanqué à la porte avant trois mois.

M. Jouval quitta le café de l'Univers avant minuit et s'alla coucher.

Le lendemain, il se dit :

— J'ai un quart d'action de chasse dans les bois de la Poulardière, qui touchent aux bois des Ormes ; jamais je n'y vais. C'est vraiment de l'argent jeté par la fenêtre.

Il fit mettre son fusil, sa carnassière et son chien d'arrêt dans son tilbury, et attela sa grosse jument; puis il s'en alla à la Poulardière. Mais, au lieu de chasser sous bois, il se tint constamment au bord des terres, fit une pointe par-ci par-là, demandant tantôt à un vacher, tantôt à une femme qui ramassait de l'herbe, chez qui il était, et recevant invariablement cette réponse :

— Vous êtes sur les terres des Ormes.

Le soir, M. Jouval revenait à Saint-Florentin le carnier vide, mais rapportant un plan détaillé de la terre des Ormes.

Il avait tout estimé, hectare par hectare, avec le coup d'œil sûr du marchand de biens, et, défalcation faite des fermes achetées par l'oncle Noël, il demeura convaincu que ce que M. de Beauchêne avait vendu à réméré trois cent quarante mille francs valait maintenant un million.

Dès lors une idée infernale mais pratique avait germé dans l'esprit du marchand de biens.

— Le garçon qui n'a pas le sou, se disait-il, sera bien heureux de me vendre son réméré pour la somme de cent mille francs.

Le réméré à la main, je rachète pour trois cent quarante mille francs un million de terres.

Trois cent quarante et cent font quatre cent quarante : bénéfice net, cinq cent soixante mille francs. Je n'ai jamais fait une si belle affaire. Et dès lors M. Jouval était revenu à la Poulardière tous les jours, jusqu'à ce qu'il eût rencontré le naïf M. Henri ; et l'on a vu quel vertige s'était emparé de ce dernier, en entendant prononcer par M. Jouval le chiffre de cent mille francs.

Comme il était nuit depuis longtemps et que M. Henri était un peu gris, le marchand de biens lui dit :

— Si vous voulez venir à Saint-Florentin, je vous prouverai ce que j'avance.

— Quand donc? demanda M. Henri.

— Mais ce soir, si vous voulez...

— Va pour ce soir, répondit le jeune homme, dont l'esprit se reportait toujours vers le petit manoir de Reuil.

Et il ne se fit pas prier davantage pour monter dans le tilbury du marchand de biens.

CHAPITRE XXII

M. Jouval avait pour principe qu'il fallait battre le fer quand il est chaud, au lieu de le laisser refroidir.

Jamais sa grosse jument n'était allée aussi vite.

On eût dit une bête anglaise.

Comme il faisait clair de lune, le marchand de biens prit au plus court, par la forêt, et, moins d'une heure après, il était à Saint-Florentin.

Il était dix heures du soir ; les portes se fermaient une à une, le café de l'Univers seul était encore éclairé.

Cependant M. Jouval ne s'y arrêta point ; il

donna même un coup de fouet en passant devant, afin que personne ne vît M. Henri, et il s'en alla tout droit chez lui.

Le grand air, qui dégrise les ivrognes de profession, produit l'effet contraire sur les buveurs novices.

M. Henri, qui n'avait que la tête lourde en quittant la ferme de la Poulardière, était tout à fait ivre en arrivant à Saint-Florentin.

Non point de cette ivresse pourtant qui embarrasse la langue et barbouille le cœur en même temps qu'elle affaiblit les jambes; mais de celle, au contraire, qui donne une certaine exaltation et permet à l'esprit de poursuivre avec une logique rigoureuse le but qu'il caresse de ses désirs.

Un seul mot résonnait dans la tête de M. Henri, comme un long et perpétuel bourdonnement :

— Cent mille francs!

M. Jouval conduisit le jeune homme dans une vaste salle qui se trouvait au rez-de-chaussée de la maison et qu'il appelait pompeusement son cabinet.

Les murs étaient couverts d'un papier à ramages fané; le portrait de M. Jouval et celui de Mme son épouse faisaient le plus bel ornement de cette pièce, au milieu de laquelle on voyait une table chargée de paperasses.

On eût dit l'étude d'un huissier.

Dans un coin, se dressait un petit meuble encombré de cartons, tous étiquetés.

M. Henri, qui avait à peine, deux jours auparavant, entendu parler de M. Jouval, crut se trouver chez un homme de lettres sérieux.

Si *le charbonnier est maître chez lui*, M. Jouval l'était bien davantage : chez lui tout le monde tremblait en sa présence, depuis sa femme, dont il avait fait une sorte d'ilote, jusqu'à sa fille, une personne bonne, grêlée et disgracieuse, que l'on apercevait au travers de sa dot, ce qui la rendait presque jolie.

Ni Mlle Zélie Jouval ni sa mère n'eussent osé paraître quand M. Jouval rentrait seul.

Elles savaient que le farouche tyran domestique avait pour habitude de traiter ses affaires le soir, en sortant du café.

Mme Jouval était du reste couchée ; mais Zélie, qui lisait un roman dans sa chambre, entendant grincer sur le pavé de la cour les roues de la carriole paternelle, se hâta de souffler sa chandelle.

Un petit domestique, le Janitot, comme on l'appelait à Saint-Florentin, après avoir mis la jument à l'écurie et la carriole sous la remise, jeta une brassée de bois dans la cheminée du cabinet et, sur l'ordre de son maître, descendit à la cave chercher du vieux vin.

— Ah! mon digne monsieur Henri, disai M. Jouval en délaçant ses guêtres, de sa voix la plus ronde, de son visage le plus honnête, ce n'est pas pour dire, mais votre père a eu affaire à un tas de canailles!...

— C'est bien possible, dit le jeune homme.

— Si vous me laissez faire, poursuivit le marchand de biens en versant à boire à M. Henri pour *l'achever*, comme on dit; si vous me laissez faire...

— Eh bien?

— Ce n'est pas cent mille francs que je vous ferai rentrer, mais deux cents...

M. Henri fut repris de vertige, et son âme s'envola vers le petit manoir de Reuil.

— Mais comment ferez-vous? dit-il d'une voix frémissante d'angoisse.

— Ah! dame! pour ça, fit M. Jouval, qui prit son air le plus honnête, tant que vous aurez confiance en moi, comme j'aurai confiance en vous.

— Voyons?

— Si vous réclamiez vous-même, comme

vous n'avez pas de titres réguliers, vous n'auriez pas un radis. Tandis que moi...

— Eh bien... vous?

— Supposons que vous me vendez vos créances.

— Bon!

— En échange, je vous fais une reconnaissance de cent mille francs.

Ce chiffre vertigineux retentissait de nouveau à l'oreille de M. Henri comme un coup de tam-tam.

— Et tenez, poursuivit M. Jouval, comme les bons comptes font les bons amis, vous allez voir...

Sur ce, le marchand de biens ouvrit un de ses cartons et y prit une feuille de papier timbré de sept sous.

Puis, s'armant d'une plume, il écrivit dessus, de sa plus belle écriture :

« Je reconnais devoir à M. Henri de Beauchêne la somme de cent mille francs, pour prix de la cession qu'il me fait de ses créances diverses et de ses droits à réméré sur la terre des Ormes.

« Je payerai ladite somme à M. Henri de Beauchêne en quatre payements, de trois mois en trois mois, à partir du présent jour. »

Et il signa.

Henri, qui avait fini par apprendre à lire et à écrire depuis la mort de l'oncle Noël, prit connaissance de cet acte.

— Mais moi, dit-il, que faut-il donc que je signe ?

— Vous allez voir.

Et M. Jouval, profitant de l'ivresse du jeune homme, qui était à son comble, lui fit rédiger et signer un acte de cession en bonnes formes de tous ses droits au réméré, dont le terme expirait dans dix-huit mois seulement.

Puis, quand ce fut fait, il ouvrit un tiroir, y prit un rouleau de mille francs en or, le brisa et en répandit le contenu sur la table.

— Prenez toujours cela, dit-il.

M. Henri frissonna et eut un éblouissement dans les yeux.

Jamais il n'avait vu autant d'or.

. . . .

CHAPITRE XXIII

A partir de ce moment, que se passa-t-il ?

Comme on va le voir, M. Henri eut de la peine à se l'expliquer le lendemain.

Car le lendemain, au petit jour, il était en pleine forêt, marchant d'un pas alourdi, la tête pesante, les idées confuses.

Une chose pourtant était claire pour lui : c'était un bruit métallique sortant de sa poche, c'étaient les cinquante louis de M. Jouval qui tintaient sous ses doigts.

Puis encore un souvenir qui était assez précis.

Il se rappelait avoir fait un serment à M. Jouval.

Le serment de ne rien dire à personne de leur entrevue et surtout de ne confier à qui que ce fût qu'il avait chargé M. Jouval de ses affaires. Tout le reste était dans son esprit à l'état de brouillard.

Pourquoi M. Jouval, au lieu de lui donner un lit et de le garder jusqu'au lendemain à Saint-Florentin l'avait-il congédié à trois heures du matin?

Pourquoi, au lieu de le reconduire dans sa carriole, s'était-il contenté de le mettre sur la grand'route?

M. Henri n'en savait absolument rien.

Ce qu'il savait, par exemple, c'est qu'il avait de l'or dans sa poche et une reconnaissance de cent mille francs.

Avec cent mille francs, on est riche, en province surtout.

Qui sait si la dame du château de Reuil?... M. Henri s'arrêtait à moitié de sa pensée et n'osait aller plus loin.

Et comme il continuait à marcher d'un pas pesant, il rencontra la mère Miracle, qui débouchait dans un carrefour de la forêt.

Elle était proprette comme d'ordinaire, ses sabots bien graissés et son bonnet blanc, la bonne mère Miracle.

En apercevant le jeune homme, elle crut qu'il sortait du château des Ormes et allait faire un tour de chasse.

Mais, un coup d'œil plus attentif jeté sur lui, elle eut la conviction que M. Henri revenait de loin, comme on dit; il avait certainement passé la nuit dehors, il avait les guêtres boueuses et les vêtements frippés.

Elle eut l'idée que le pauvre amoureux avait passé la nuit à errer autour du château de Reuil.

— Bonjour, monsieur Henri, dit-elle; vous êtes matinal aujourd'hui.

— Pas plus que vous, maman Miracle.

— C'est vrai. Je vais voir une pauvre femme qui est veuve d'hier, avec cinq enfants, mon cher monsieur Henri.

— Qui donc ça? demanda le jeune homme.

— La mère Jalibert, la femme du cantonnier.

— Jalibert est mort?

— Hier, mon cher monsieur Henri.

Cette nouvelle abasourdit quelque peu M. Henri.

Jalibert était un robuste gaillard d'une quarantaine d'années qui, l'avant-veille encore, cassait des pierres sur la grand'route, à deux pas de la maisonnette, quand M. Henri avait passé par là.

— Mais de quoi est-il mort? demanda le jeune homme stupéfait.

— Vous savez qu'il aimait le cabaret et se prenait facilement de boisson, répondit la mère Miracle. Eh bien, il est sorti de chez Roquillon avant-hier soir.

La nuit était un peu noire, il a voulu suivre le canal et il est tombé dedans.

On l'a trouvé hier matin noyé. C'est aujourd'hui qu'on l'enterre.

— Pauvre homme! murmura M. Henri, qui avait un bon cœur.

— C'est sa femme surtout qu'il faut plaindre, reprit la mère Miracle : cinq enfants et pas un pouce de terre.

La maisonnette du cantonnier était à deux pas, sur le bord de la route départementale.

De l'endroit où la mère Miracle s'était arrêtée avec M. Henri, on l'apercevait à travers les arbres.

— Et vous allez voir les Jalibert, maman Miracle? demanda le jeune homme.

— Il faut bien donner des consolations aux malheureux, répondit simplement l'ancienne sœur hospitalière.

— Je vais avec vous.

— Vous, monsieur Henri?

— Oui, maman Miracle.

En parlant ainsi, le jeune homme, qui avait toujours une main dans sa poche, sentait sous ses doigts les pièces d'or de M. Jouval, et quelque chose lui disait qu'il ne pouvait mieux entamer son petit trésor.

— Vous êtes bien le fils de vos pères, dit la mère Miracle.

M. Henri se mit à marcher auprès d'elle. Dix minutes après, ils étaient à la porte de la chaumière, où on ensevelissait le mort, car l'inhumation devait avoir lieu le matin même.

Notre bon ami Bigorne était sur le seuil.

Quand il vit M. Henri, il tressaillit et lui dit assez brusquement.

— Vous pouvez vous vanter, monsieur, d'avoir une jolie connaissance.

A ces mots, M. Henri s'arrêta stupéfait.

— Je vous ai vu passer hier soir en cabriolet avec M. Jouval, de Saint-Florentin.

La mère Miracle eut un geste d'effroi.

— Un fier usurier! acheva Bigorne.

Mais, en ce moment, les sanglots de la veuve et de ses enfants sortirent si déchirants de la maison, que M. Henri ne prêta qu'une attention distraite aux paroles de Bigorne.

La mère Miracle entra dans la chaumière et M. Henri la suivit.

La chaumière était divisée en deux pièces.

Dans la plus reculée, se trouvait le corps.

Dans la première, étaient une dizaine de personnes, au milieu desquelles la pauvre veuve se tordait les mains de désespoir.

M. Henri se glissa vers le foyer, tira de sa poche sa main fermée et la posa toute ouverte sur le manteau de l'âtre, très-haut comme toutes les cheminées de campagne.

Nul ne fit attention à lui, hormis Bigorne.

Bigorne s'approcha et regarda.

M. Henri avait posé sous un chandelier de cuivre trois napoléons tout neufs.

Et Bigorne épouvanté murmura :

— C'est l'argent du diable !

En même temps, la mère Miracle, qui pourtant n'avait pas vu les pièces d'or, regardait M. Henri avec inquiétude.

Le nom de M. Jouval, prononcé par Bigorne, avait jeté l'effroi dans son esprit.

CHAPITRE XXIV

Un heure plus tard, M. Henri arrivait aux Ormes.

Ce n'était pas la première fois qu'il passait la nuit hors du château, et jamais, quand la chose lui était advenue, on n'avait pensé à mal. Dans un pays de forêt, propriétaire ou indigent, tout le monde est un peu braconnier.

M. Henri faisait comme tout le monde, il allait à l'affût.

Le lièvre sort de bonne heure ; les affuteaux de lièvre rentrent bien avant minuit.

Mais le sanglier a bien d'autres mœurs.

C'est en pleine nuit qu'il vient ravager les

récoltes, se souiller dans les mares et fourrager les champs d'avoine.

Joseph Noël, tout entier à ses transports de lune de miel, n'avait pas remarqué l'absence du jeune homme au repas du soir.

Mais Marc, qui prolongeait volontiers la veillée auprès du poêle, s'alla coucher à plus de onze heures en se disant :

— M. Henri est au sanglier.

Le lendemain, Marc Noël, qui avait une vente de denrées à faire au marché de Jargeau, partit de bonne heure. Joseph s'en alla aux champs. Ce qui fit que lorsque M. Henri arriva, le château était à peu près désert.

Il n'y avait que la Roquillone, la nouvelle châtelaine, qui allait et venait par le château, gourmandant les servantes et faisant un tapage d'enfer.

Henri entra dans la cuisine, accrocha son fusil au manteau de la cheminée et dit en saluant Mme Noël :

— Bonjour, Adèle.

Depuis quinze ans, c'est-à-dire depuis que M. Henri parlait, il n'avait jamais appelé la fille du cabaretier autrement, et certes jamais elle n'avait trouvé la chose mauvaise.

Elle, au contraire, obéissant à ce sentiment

du respect que la population de Saint-Donat avait conservé pour la famille de Beauchêne, ne l'avait jamais appelé autrement que M. Henri.

L'étonnement de celui-ci fut donc grand lorsque la Roquillone, se retournant, lui dit d'un ton sec :

— Est-ce que vous avez mal à la langue que vous ne pouvez m'appeler Mme Noël ?

— Excusez-moi, balbutia-t-il ; je ne savais pas vous fâcher.

— Chacun tient à ce qui lui est dû, répondit-elle. Il n'y a que les gens qui n'ont rien et n'ont droit à rien qui ignorent cela.

Le rouge monta au visage de M. Henri.

La Roquilloné avait pris un petit air sec et pincé, en même temps que son regard était plein d'éclairs.

— Où est votre mari ? demanda M. Henri tout confus.

— Il est sorti.

— Et votre beau-frère ?

— Il est à Orléans.

Sur ces deux réponses articulées d'un ton plein d'insolence, la Roquillone tourna le dos à M. Henri.

Celui-ci, de plus en plus étonné de cet accueil, alla s'asseoir auprès du poêle.

Tout à coup, la Roquillone se retourna, planta ses deux poings sur ses hanches, regarda M. Henri et lui dit :

— Puisque nous sommes seuls, nous allons causer un brin.

— A vos ordres, dit le jeune homme.

— D'abord, reprit-elle, je vous dirai que cela ne me convient pas du tout d'avoir chez moi des gens qui passent la nuit dehors.

Henri devint cramoisi ; il crut que la Roquillone savait qu'il avait passé la soirée avec M. Jouval.

— Ensuite, poursuivit-elle, faudrait savoir un peu pourquoi vous êtes ici.

A ces mots, M. Henri se leva et son visage se couvrit d'une pâleur mortelle.

La Roquillone continua :

— Vous n'êtes pas sans savoir que votre père a tout mangé et que le château a été acheté par mon oncle, M. Noël.

Elle disait *mon oncle*, en parlant du défunt, comme si elle eût été dame et maîtresse aux Ormes depuis des années.

Le jeune homme était si abasourdi, si humilié qu'il ne trouva pas un mot à répondre.

Elle eut l'audace de poursuivre :

— L'oncle vous a gardé par charité, tant que vous étiez petit; puis ses neveux sont venus et vous ont toléré ici. Mais à présent que l'un d'eux est marié et qu'il aura de la famille au premier jour, vous devriez comprendre que ce n'est plus votre place.

Vous êtes en âge de gagner votre vie, mon garçon.

Et une seconde fois elle lui tourna le dos.

Mais alors le vieux sang aristocratique qui coulait dans les veines de M. Henri se mit à bouillonner et parla haut tout à coup.

En même temps, sa main crispée se heurtait dans sa poche aux pièces d'or de M. Jouval.

Il fit un pas en arrière, remit son chapeau sur sa tête, regarda froidement la Roquillone et lui dit :

— Vous m'avez appris mon devoir, je vous remercie!

Et il sortit, la tête haute, de cette maison qui avait été la demeure de ses pères et qui ne lui appartenait plus!...

— Bon voyage! murmura la Roquillone en le voyant s'éloigner, car elle s'était approchée d'une fenêtre qui donnait sur la cour.

Maintenant ils crieront et tempêteront tant

qu'ils voudront, les autres ; je m'en moque comme de manger une guigne.

Fallait pas qu'il m'épouse, ce grand benêt, s'il voulait rester le maître ici !...

Et elle referma la croisée, comme le jeune homme disparaissait au bout de l'avenue formée par ces grands vieux arbres qui avaient donné leur nom au château.

CHAPITRE XXV

M. Henri s'éloigna d'abord du château des Ormes d'un pas rapide.

Puis, quand il fut à une certaine distance, il s'arrêta et se retourna.

En ce moment, une profonde tristesse s'empara de lui.

Ce vieux manoir, ces tourelles grises qui depuis longtemps étaient passées en des mains étrangères, avaient pourtant abrité son berceau.

Il avait grandi à leur ombre, et cette maison d'où on le chassait avait été celle de sa famille.

Il s'assit sur un tronc d'arbre, au bord d'un champ, et se mit à pleurer.

Mais son émotion fut de courte durée.

Il se leva bientôt, et cette fois, tournant le dos pour jamais au château des Ormes, il descendit vers Saint-Donat.

Les hommes simples ont plus de foi que les autres.

Ce jeune homme, élevé aux champs, mais en qui avait survécu une fierté native, avait cette croyance robuste des vieilles races.

Il savait que Dieu est bon pour ceux qui l'invoquent, et son regard, qu'il avait détourné des tourelles des Ormes, il le reporta sur l'humble clocher de l'église, qui pointait au milieu d'une touffe d'arbres et s'élevait au-dessus des maisons du bourg, comme le berger domine son troupeau de toute la hauteur de sa taille.

L'église était la première construction qu'on trouvait à gauche, en entrant à Saint-Donat, quand on venait des Ormes.

Adossé à l'église, humble, chétif, avec son jardin de deux cents mètres carrés, on voyait le presbytère.

La porte en était ouverte.

Sur le seuil, Bigorne, qui regrettait toujours Saint-Florentin, était assis et lisait on ne sait quel volume de la bibliothèque du curé.

Manon, la servante, épluchait des légumes au fond de la cuisine.

Le curé venait de rentrer.

Il y avait une heure que le pauvre cantonnier était en terre.

M. Henri, quand il fut à dix pas du seuil, hésita un moment.

Les soldats qui vont au feu demandent la bénédiction de l'aumônier.

Les chevaliers qui se croisaient et partaient pour la Palestine avaient coutume de frapper à la porte d'un monastère et de s'agenouiller devant l'autel pour invoquer le dieu des batailles.

Ce gentilhomme ignorant, ce fils d'une race de soldats, ce noble qui savait à peine lire et écrire, éprouva alors le même besoin.

Il allait quitter Saint-Donat peut-être pour toujours ; il allait demander à l'uniforme du soldat français cet asile suprême qui s'ouvrira toujours devant le noble sans terres ; il éprouva le besoin de se mettre sous la protection de Dieu.

Il n'avait vu M. Duval qu'une fois, il ne lui avait jamais parlé.

Cependant il entra.

Les pièces d'or de M. Jouval résonnaient

toujours dans sa poche avec un bruit maudit.

— M. le curé? dit-il à Bigorne.

— Me voici, dit une voix.

Et M. Henri vit le prêtre redresser sa grande taille et lui apparaître avec sa couronne de cheveux blancs.

En même temps, il vint au-devant du jeune homme et le prit par la main.

M. Henri était pâle, mais son regard disait qu'il était résolu.

— Vous avez besoin de moi, n'est-ce pas, mon enfant? dit le prêtre avec douceur.

— Oui, mon père, dit le jeune homme, ému par l'accent du vieillard.

— Ma maison est ouverte à ceux qui souffrent, répondit le prêtre, venez...

Et il ouvrit une porte et introduisit M. Henri dans une petite pièce qui lui servait de cabinet, et dans laquelle il avait entassé pêle-mêle tous ses livres, car il en avait beaucoup et le presbytère de Saint-Donat était bien exigu.

Puis, avançant un siége au jeune homme, il ajouta :

— La maison du curé, c'est un peu l'antichambre de la maison de Dieu. Bienvenus ceux qui en franchissent le seuil.

M. Henri demeura debout.

— Monsieur le curé, dit-il d'une voix émue, mais où perçait une résolution inébranlable, je vais quitter le pays.

— Ah! fit le curé, qui ne témoigna aucune surprise. Et où allez-vous?

— Je vais me faire soldat.

— C'est bien, ça, dit simplement l'abbé Duval.

C'était pareillement la seconde fois qu'il voyait M. Henri, mais il savait sa naïve et touchante histoire.

La mère Miracle la lui avait contée.

Et puis la dame du château de Reuil ne lui avait-elle pas ouvert son âme?

— Mon enfant, dit-il au jeune homme, vous avez bien fait de quitter une maison qui n'est plus la vôtre. Vous faites bien de songer à vous faire une position. Rappelez-vous que si pauvre qu'il soit, un soldat est l'égal d'un roi.

Puis, d'une voix plus douce :

— Ainsi vous comptez partir?

— Oui, demain.

— Vous n'avez aucune affaire à terminer ici... ou dans les environs?

Et, parlant ainsi, l'abbé Duval regardait M. Henri d'un air si sévère que celui-ci pâlit et balbutia.

— Mon enfant, dit encore l'abbé Duval, je vous ai rencontré hier avec un homme qui jouit d'une bien mauvaise réputation.

Le jeune homme tressaillit.

— Connaissez-vous donc M. Jouval? continua le prêtre.

— Mais, balbutia M. Henri, je l'ai vu hier pour la première fois... Seulement il m'a promis de me faire rentrer une centaine de mille francs qui sont dus à ma famille.

— Il vous a trompé, dit froidement le prêtre : il n'est rien dû à votre famille.

M. Henri tressaillit de plus belle, le sang afflua à son cœur, ses tempes se mouillèrent, et il lui sembla que les pièces d'or de l'usurier brûlaient le bout de ses doigts crispés.

CHAPITRE XXVI

Aux termes de l'art. 1660 du code Napoléon, le *réméré* ou stipulation de rachat ne peut avoir une durée de plus de cinq ans.

Il est donc temps d'expliquer pourquoi les habitants de Saint-Donat prétendaient qu'au bout de vingt ans seulement les Belges resteraient définitivement propriétaires du château des Ormes.

Pourquoi encore M. Jouval était de cet avis et s'était fait faire par M. Henri une cession en bonne forme de tous ses droits.

Il n'y avait pas eu vente entre M. de Beauchêne le père et l'oncle Noël, dans l'acception ordinaire du mot.

Un compromis avait été ainsi passé entre eux.

M. de Beauchêne engageait les Ormes et les deux fermes qui en dépendaient pour la somme de trois cent quarante mille francs, qu'il reconnaissait avoir reçue comptant, et pour une durée de vingt années.

Le château n'était pas vendu, il était donné en nantissement.

Cette disposition particulière et peut-être unique dans les temps modernes n'était, après tout, qu'une répétition des opérations financières du moyen âge, époque sinistre où le gentilhomme qui se croisait pour la Palestine engageait ses terres aux mains des juifs.

M. Jouval, qui n'était pas homme à ignorer le code Napoléon, n'avait cependant pas hésité devant cette spéculation hasardeuse. Il se disait bien qu'il aurait un procès à soutenir et que ce procès était douteux, qu'il était fort possible que la jurisprudence n'admît pas les conventions intervenues entre M. de Beauchêne et la famille Noël.

Mais ce procès, on pouvait aussi le gagner.

Or M. Jouval avait fait ce raisonnement bien simple :

— Si je perds le procès, je ne payerai pas les

cent mille francs, par l'unique motif que je ne puis pas payer ce que l'on ne m'a pas vendu.

J'en serai donc pour mes frais et mon rouleau de 1,000 francs donné à M. Henri.

Total : 2,000 francs.

Je mets donc 2,000 francs à la loterie pour gagner un million.

C'est un jeu à jouer ! qui ne risque rien n'a rien.

M. Jouval faisait ce beau raisonnement, les yeux amoureusement fixés sur l'acte de cession sous seing privé que M. Henri avait signé la veille, lorsqu'on frappa doucement à la porte de cette vaste pièce qu'il appelait pompeusement son cabinet.

— Entrez, dit-il.

Un homme parut aussitôt et salua d'un air dégagé.

C'était Me Loiseau, le terrible huissier, qui avait si rondement et si malheureusement mené l'affaire du Mulot contre M. Anatole de Misseny.

Me Loiseau venait chaque semaine, le même jour et à la même heure, prendre les ordres de son client.

Et M. Jouval était un client sérieux pour un huissier.

Il avait toujours quelqu'un à poursuivre, quelque pauvre diable à faire vendre, quelque famille à ruiner.

M. Jouval s'attendait donc à sa visite.

Me Loiseau prit un siége et vint se placer de l'autre côté de la table, qui était chargée de paperasses.

— Je vous apporte de l'argent, dit-il; sur cinq débiteurs, trois ont payé.

— Bienvenu qui apporte, dit M. Jouval; mais j'ai une grosse affaire à vous confier, maître Loiseau.

Et il lui mit sous les yeux l'acte de cession.

L'huissier le lut attentivement, puis le relut encore.

— Eh bien, qu'en pensez-vous? demanda M. Jouval.

— C'est très-fort.

— Trouvez-vous ça chose bonne?

— Il y a à boire et à manger, dit l'huissier.

— Un procès?

— Naturellement; mais, si on l'engage, on le perdra.

— Pas sûr.

— Croyez-moi, reprit Me Loiseau, le procès serait mauvais.

— Pourquoi?

— Mais, parce que M. Henri de Beauchêne a cédé ses droits, et que les tribunaux verront là-dedans une spéculation, un *chantage,* comme on dit.

S'il poursuivait, lui, s'il faisait un héritage, par exemple, et qu'il eût à lui appartenant la somme nécessaire pour le rachat, ce serait différent. Mais tout le monde sait qu'il n'a pas le sou.

— Alors j'ai fait une mauvaise affaire?

— Non.

— Expliquez-vous, maître Loiseau ; je ne comprends pas.

— Si le procès s'engage, l'affaire est mauvaise ; mais on peut éviter le procès.

— Comment?

— Les frères Noël sont Belges ; ils ne connaissent guère la loi française. Ensuite ils sont un peu naïfs ; avec un peu de papier timbré, on leur fera peur...

— Et puis?

— Et puis ils transigeront.

— Vous êtes un homme étonnant, maître Loiseau.

— Ah! dame! on sait son métier, répondit l'huissier avec modestie.

On frappa de nouveau à la porte.

Cette fois, c'était le petit domestique.

— Que veux-tu? fit M. Jouval.

— Monsieur, c'est le jeune homme de la nuit dernière, M. Henri, qui veut absolument vous parler.

M. Jouval fronça le sourcil et, tout effaré, regarda Loiseau.

Loiseau n'eut pas le temps de donner son avis.

M. Henri prit le petit domestique par les épaules, l'écarta et entra d'un pas ferme en levant sur M. Jouval un regard assuré. M. Henri n'était plus ivre, et il paraissait résolu à une extrémité quelconque, si violente qu'elle fût.

CHAPITRE XXVII

M. Jouval, après avoir regardé M⁶ Loiseau avec inquiétude, regarda M. Henri.

Le jeune homme n'était plus ce qu'il était la veille; il avait perdu cette physionomie douce et mélancolique qui le caractérisait ordinairement.

Sa nature nerveuse et ses yeux pleins d'éclairs annonçaient que l'homme de race venait de reparaître sous le paysan.

— Monsieur, dit-il à M. Jouval, vous êtes peut-être étonné de me revoir aussi vite, m'ayant quitté ce matin, un peu avant le point du jour.

— Comment donc! monsieur de Beauchêne,

répliqua le marchand de biens, essayant de faire bonne contenance; je suis trop heureux de vous voir pour m'en plaindre.

— Je désire causer un moment avec vous, reprit M. Henri d'un ton ferme et froid.

— Est-ce d'affaires?

— Sans doute.

Et le jeune homme paraissait attendre que M. Jouval le fît passer dans une pièce voisine, vu que Mᵉ Loiseau se levait pour se retirer.

Mais M. Jouval dit aussitôt :

— Vous pouvez parler devant monsieur, qui est mon meilleur ami et pour qui je n'ai pas de secret.

— C'est différent.

Et M. Henri fit un pas encore et posa une main sur la table chargée de papiers.

— Monsieur, dit-il sans se départir de son accent poli et glacé, j'étais un peu gris, je crois, cette nuit.

— Bah! fit M. Jouval.

— Et le vin est mauvais conseiller.

— Vous croyez?

— Aussi ai-je signé quelques papiers que je désirerais ravoir.

M. Jouval tressaillit, mais il crut que M. Henri regrettait simplement son marché et qu'il ne le trouvait pas assez avantageux.

Et changeant brusquement d'attitude :

— Ma foi, mon cher monsieur, dit-il, je ne trouve pas que vous ayez fait une si mauvaise affaire.

— Vous croyez?

Et il y eut une pointe d'ironie dans la voix du jeune homme.

— Je vous ai acheté cent mille francs le droit de vous faire rentrer quelques créances, c'est un pur service. D'abord, me restera-t-il cent mille francs? Ce n'est pas sûr, et, dans ce cas, j'y serai de ma poche.

Personne, à ma place...

— Oh! je ne dis pas.

— Vous ne trouvez donc pas l'affaire si mauvaise?

— Je la trouve excellente, au contraire,

— Eh bien? alors...

— Mais, comme elle n'est pas honnête, je n'en veux pas!

Et M. Henri regarda froidement M. Jouval.

En même temps, il tira de sa poche le rouleau d'or auquel il avait pris trois louis, et que M. le curé Duval avait complété.

Et, le posant sur la table.

— Voilà votre argent, dit-il; rendez-moi les papiers que j'ai signés.

— Mais, mon cher garçon, dit M. Jouval, qui se mit à rire, vous êtes fou...

— Ce n'est pas mon avis.

— Et quand on a fait un marché...

— On le rompt, le jour où on s'aperçoit qu'on a eu affaire à un coquin, dit M. Henri avec calme.

— Monsieur! dit M. Jouval pâlissant.

— Comptez donc votre argent, dit froidement le jeune homme. J'avais pris trois louis dessus, mais M. le curé de Saint-Donat me les a prêtés. Le compte y est bien.

Ce nom du curé de Saint-Donat tomba comme la foudre sur la tête de M. Jouval et de M. Loiseau. Tous deux se regardèrent effarés et comprirent d'où partait le coup.

Mais M. Jouval n'était pas homme à lâcher une proie de son plein gré :

— Mon garçon, dit-il, les affaires sont les affaires, ce qui est fait est fait, et je vous engage bien à vous en retourner chez vous et à reprendre cet argent, qui est à vous et non plus à moi.

— Monsieur, dit M. Henri toujours calme, si vous ne voulez pas de cet argent, vous le donnerez aux pauvres. Quant à moi, je n'y toucherai plus, il me brûlerait les doigts.

Mais, si vous ne voulez pas me rendre les papiers que j'ai imprudemment signés, je vais monter dans la voiture publique qui passe dans une heure à Saint-Florentin, et je m'en irai à Orléans, où je raconterai mon aventure avec vous à M. le procureur impérial.

M. Jouval pâlit; mais il était entêté :

— Comme vous voudrez, dit-il. Je suis dans mon droit et j'y reste.

— Adieu donc, monsieur.

Et M. Henri fit un pas de retraite.

Mais alors Me Loiseau, qui n'avait pas encore dit un mot, dit vivement :

— Attendez donc, monsieur, et permettez que je dise un mot à mon ami.

Il entraîna M. Jouval, tout frémissant de colère, dans l'embrasure de la croisée, et lui dit :

— Mon compère, nous sommes flambés. Le procès était douteux, en admettant que ce garçon fût avec vous; mais à présent qu'il parle de porter plainte, le procès est perdu d'avance. Et quant à une transaction, le curé Duval est là pour l'empêcher. Reprenez donc votre argent, qui revient de loin, et rendez-lui son acte de cession. Vous ne perdez que le papier timbré. C'est pour rien.

M. Jouval écumait de rage, mais il se rendit à l'avis de Mᵉ Loiseau.

Et ouvrant un de ces fameux cartons qui faisaient l'ornement de son cabinet, il y prit les papiers signés par M. Henri et les lui tendit. Celui-ci les prit, s'approcha du feu et les y jeta. Puis, quand ils furent consumés, il sortit en saluant, mais sans prononcer un mot.

— Oh! ce curé Duval, murmura le marchand de biens en serrant son rouleau, je ne trouverai donc pas le moyen de l'exterminer!

— Ah! dame! fit Mᵉ Loiseau, en cherchant bien...

L'huissier et l'usurier se regardèrent et, sans échanger un mot de plus, ils se jurèrent de faire une guerre à mort à l'ancien curé de Saint-Florentin.

CHAPITRE XXVIII

Mme *de Lassenie à la baronne Mercier.*

Paris, février...

Ma toute belle,

Nous sommes arrivés hier soir à Paris, mon mari et moi, par le dernier train du soir.

Le matin, je sonnais à la porte de ton bel appartement de la rue Caumartin, et je recevais cette singulière réponse :

— Mme la baronne passera l'hiver à la campagne.

Que Paul, qui est un chasseur enragé, s'acoquine en Touraine jusqu'à la fermeture, que ton pauvre *liséré rouge* devienne l'esclave de ce tyran, consente à grelotter pendant trois mois d'hiver dans ce vieux château où le vent pleure et qu'on ne restaure que tout juste, sous le prétexte qu'il est historique, — cela se conçoit!

Mais toi, veuve, indépendante, jeune et belle, que tu te confines en pleine forêt en décembre et en janvier, c'est impardonnable!

Qu'as-tu? que deviens-tu? quelle lubie étrange a passé dans ta cervelle, ma Marthe chérie!

Paul, qui est une mauvaise langue et qui a la déplorable habitude de toujours lire pardessus mon épaule, quand j'écris, le vilain jaloux! Paul me dit, en ce moment, une énormité.

C'est gros comme une montagne.

Ecoute plutôt.

— Sais-tu, dit-il, pourquoi ta belle amie reste à la campagne?

Elle y fait une éducation.

Ce petit gentilhomme illettré, ce paysan tout au plus bon pour une meunière, disait-elle, voici qu'elle a entrepris de l'éduquer, de le façonner, de le ramener aux traditions régence de ses aïeux, à la seule fin de l'épouser quand il en sera temps.

C'est drôle, ce que dit Paul; mais c'est absurde et je n'en crois pas un mot.

Vois-tu, ma belle poulette, les maris sont un peu comme les chevaux de selle ou les chiens de chasse : le dressage n'en vaut rien, il faut laisser cette besogne aux autres.

Paul, qui fait la grimace à cette phrase, me dit encore :

— Pourquoi ne nous l'envoie-t-elle pas, son paladin de village?

Je le lui habituerai, je le présenterai à mon club, je tâcherai d'en faire quelque chose.

Mais Paul est un mauvais plaisant, n'est-ce pas?

Rien de tout cela n'est vrai, j'en suis bien sûre, et tu vas nous revenir.

J'ai reçu une foule de visites depuis ce matin, je suis au courant de tout.

Il paraît que l'hiver est superbe : bals partout. Reviens donc, reviens au plus vite, et dans tous les cas, réponds-moi.

Ton liséré rouge,

LAURE.

*La baronne Mercier à Mme de Lassenie, en son hôtel,
rue de Grenelle, à Paris.*

Ma bonne Laure,

Toi et ton mari, vous vous trompez du tout au tout.

Je ne fais pas d'éducation, et la raison en est bien simple : je n'ai pas d'élève.

M. Henri de Beauchêne a quitté le pays.

Un jour, la fierté native de ce jeune homme s'est réveillée tout entière; il s'est dit que le gentilhomme pauvre devait reprendre l'épée de ses pères et il est parti.

Il s'est engagé comme soldat dans un régiment de cavalerie d'Afrique.

L'Algérie est depuis longtemps pacifiée; mais il y a toujours quelques petites expéditions sur les frontières du Maroc, et il paraît que, huit jours après son arrivée au régiment, mon pauvre protégé, comme tu l'appelles, a eu l'occasion de se signaler.

Dans une rencontre avec un goum marocain, il s'est battu comme un lion, a eu un cheval tué sous lui, et a pu dégager son capitaine, qui allait être fait prisonnier.

Je tiens ces détails du curé Duval.

Le curé Duval est notre pasteur.

C'est un vieillard aimable et bon, un prêtre accompli ; il est d'une grande famille du midi de la France, et il portait à vingt ans le titre de marquis.

Il a servi ; puis un jour il a jeté son uniforme aux orties, pour s'enrôler dans l'armée de Dieu.

Il s'est fait le protecteur de ce pauvre jeune homme, à qui il envoie un peu d'argent et qu'il a recommandé au général X., qui est son ancien sous-lieutenant.

Tu me demandes pourquoi je ne reviens pas à Paris ?

Je me suis fait la même question et n'ai pu y répondre.

Je ne reviens pas, parce que le monde ne m'attire point, parce que ma solitude me plaît. Les grands arbres dépouillés, le gazon jauni, le ciel clair et froid, les lointainess fanfares et les aboiements d'une meute qui passe sous les fenêtres de mon petit manoir, ont pour moi un charme inexprimable.

Ne raille pas. La mère Miracle vient me voir ; elle m'indique les indigents, les malades, et je soulage quelques misères.

Le curé vient me voir aussi.

Et puis mon fils pousse au grand air des

champs et devient robuste comme un chêne. Probablement c'est à cause de tout cela que je reste.

Au revoir donc, ma bonne Laure, et crois-moi ton affectueuse,

MARTHE.

....

Quand Mme de Lassenie, après avoir lu cette lettre, la tendit à son mari, il répondit simplement :
— Sais-tu ce qu'elle fait là-bas, ton amie ?
— Eh bien !
— Elle l'attend !

FIN DU DEUXIÈME ÉPISODE

LE BRIGADIER LA JEUNESSE

CHAPITRE Ier

Tandis que *le Napoléon*, paquebot des Messageries impériales, chauffait dans le port de Mers-el-Kébir, les sous-officiers de trois ou quatre régiments s'étaient réunis au café de la *mère Bono*.

Le Napoléon partait le soir même.

Il emportait en France quelques soldats libérés du service, d'autres à qui on accordait un congé, et plusieurs officiers qui avaient obtenu l'autorisation de permuter.

Ceux qui partaient faisaient leurs adieux à ceux qui restaient; le punch flambait, les pipes et les cigares brûlaient, et le vieux maréchef Rabustaud expliquait à M. de la Billardière, un joli cocodès du boulevard parisien, qui s'était engagé au sortir du boudoir de Mlle X... du Vaudeville, l'origine du surnom de *la Jeunesse* donné à un brigadier du 1er chasseurs d'Afrique.

Le 1er chasseurs était rentré, la veille, d'une expédition de six mois sur les frontières du Maroc, et c'était un des régiments qui fournissaient un contingent respectable de passagers au paquebot qui allait partir.

— Mon bon monsieur de la Billardière, disait Rabustaud d'un ton narquois, pour vous dire toute la vérité, quand ce jeune homme est arrivé au régiment, il avait un faux air de vous.

C'était un garçon tout jeune, ni grand ni petit, timide comme une jeune fille bien éduquée, qui avait mal au cœur quand il fumait et ne buvait ni absinthe, ni eau-de-vie.

Il avait même un grain de tristesse qui n'allait guère à sa moustache blonde, et quand nous le vîmes pour la première fois, nous nous dîmes :

— Pour sûr, nom d'une pipe ! il est amoureux, et sa famille l'aura fait filer.

Mais il paraît qu'il n'a pas de famille et qu'il n'a jamais eu d'argent mignon.

Au bout de trois jours, il était au courant du service et ne boudait pas aux corvées.

Huit jours plus tard, nous étions en plaine.

Le petit *nouveau*, comme nous l'appelions, était toujours triste.

Il n'avait fait de confidences à personne, mais je persistais, moi, à le croire amoureux.

Un matin on nous mena au feu. Il était question de soumettre une tribu révoltée dans les montagnes.

Ce fut la première fois que je vis sourire le petit.

— Marchef, me dit-il, je crois que vous serez content de moi ; si je ne me fais pas tuer, il n'y aura pas de ma faute.

— Tu veux donc mourir ? lui dis-je.

— Non... mais ça m'est égal...

- Le soir on rapportait à l'ambulance mon petit jeune homme criblé de coups de yatagan dont pas un n'était mortel.

Il s'était battu comme un lion.

— La mort ne veut pas de toi, lui dis-je.

— Il paraît, fit-il en souriant avec tristesse.

— Tu es *trop jeune*.

On le cita à l'ordre du jour. Un mois après il était sur pied et remontait à cheval.

Nouveau combat, nouvelles preuves de valeur.

Cette fois, il eut beau faire, les balles ne voulurent pas de lui.

Il revint sain et sauf.

— Trop jeune ! disais-je encore.

— En deux ans, mon nouveau était devenu un ancien; on l'a fait brigadier au bout de ce temps, et c'était justice, mais nous l'avons appelé le brigadier *la Jeunesse*, car il n'a pas vingt-trois ans.

Un autre sous-officier prit la parole à son tour :

— Et j'ai toujours dans l'idée, moi, qu'il voulait se faire tuer.

— Mais pourquoi ?

— Il a un grand désespoir d'amour.

— A son âge, ce n'est pas dangereux.

— Vous voyez bien que ça tient, camarade, puisqu'il est triste de s'en retourner en France.

— Pourtant il a demandé un congé de deux mois.

— Sans doute.

— Qui donc l'y forçait ?

— Un vieux brave homme de son pays qui l'a un peu élevé et qui lui envoie de temps en temps quelques sous. Il paraît que le bonhomme est malade, qu'il a peur de mourir et qu'il voudrait bien ne pas s'en aller sans avoir vu la Jeunesse.

— Et il est triste de partir?

— Je l'ai vu pleurer ce matin.

— Chut! fit le marchef Rabustaud, je crois bien que le voici.

En effet, la porte du café venait de s'ouvrir et un jeune sous-officier, de taille moyenne et bien prise, et d'une excellente tournure militaire, entrait en ce moment.

C'était le brigadier la Jeunesse.

Mais on a deviné sans doute déjà que ce sobriquet s'appliquait à notre ancienne connaissance, le pauvre gentilhomme sans terres, M. Henri de Beauchêne.

Au régiment, où tout le monde l'aimait et l'estimait, on ne l'appelait pas autrement que *la Jeunesse*.

Le joli monsieur de la Billardière, que son argent avait fait admettre à l'absinthe des sous-officiers, regarda curieusement le jeune homme et lui dit :

— Il paraît que vous êtes amoureux, brigadier ?

La Jeunesse tressaillit, et il fronça même un peu le sourcil. Mais un sourire vint à ses lèvres.

— C'est Rabustaud qui dit cela, fit-il. La vérité est que je n'ai ni fiancée ni maîtresse.

— Moi, dit la Billardière, si je pouvais retourner à Paris, je serais repincé tout de suite. J'ai un cœur qui est comme de l'amadou.

La Jeunesse ne répondit pas.

— Tu pars donc sur *le Napoléon?* dit Rabustaud.

— Oui, je ne m'attendais pas à obtenir mon congé.

Je n'ai pas de protection et j'ai vraiment du bonheur.

Il eut un sourire triste en prononçant ce mot du *bonheur*.

— De quel pays êtes-vous donc, monsieur ? demanda encore M. de la Billardière.

— De l'Orléanais, monsieur.

— Et c'est là que vous allez ?

— Oui, monsieur.

— Tiens! tiens! reprit l'ex-gandin, c'est justement dans ce pays-là que mon cousin Othon va se marier.

— Ah! fit la Jeunesse avec indifférence.

— Il m'a écrit par le dernier courrier : « Je vais à Orléans, j'épouse une veuve ravissante qui vivait toute seule dans les bois en m'attendant. »

C'est un original de premier ordre, mon cousin Othon.

La Jeunesse eut un battement de cœur, et il pâlit même légèrement.

Une veuve, vivant au milieu des bois...

Cela ressemblait furieusement à la belle châtelaine de Reuil.

Mais le brigadier se contint, fit un effort sur lui-même et dit avec un accent de parfaite indifférence :

— Et savez-vous le nom de cette veuve, monsieur ?

— Non. Elle est baronne... et veuve d'un capitaine de vaisseau. C'est tout ce que je sais.

De pâle qu'il était, la Jeunesse devint livide. Mais en ce moment la cloche du bateau à vapeur se fit entendre annonçant le départ, et personne ne remarqua l'émotion subite du brigadier la Jeunesse.

Personne, excepté M. de la Billardière qui murmura à part lui :

— Hé ! hé ! c'est drôle ça !... Je vais en écrire un mot à mon cousin Othon.

Une heure après, le paquebot quittait le port, emportant en même temps, vers la terre de France, le brigadier la Jeunesse et la lettre de M. de la Billardière.

CHAPITRE II

Huit jours plus tard, la diligence d'Orléans à Montargis s'arrêtait, vers quatre heures du matin, à Pont-aux-Moines, où elle relayait, et deux voyageurs en descendaient, l'un de la banquette où il était assis à côté du conducteur, l'autre du coupé dans lequel il s'était trouvé tout seul.

Le premier des deux voyageurs avait pour tout bagage une petite valise qu'il portait à la main. C'était notre ami, M. Henri de Beauchêne, autrement dit le brigadier la Jeunesse.

Il descendit lestement, paya sa place au conducteur et entra au bureau de tabac qui est à côté du relais et dans lequel un vieux brave homme, ancien maître d'école, est toujours prêt à boire une goutte avec un voyageur quelconque.

Le second voyageur était un joli monsieur vêtu d'une veste de velours, portant de superbes favoris taillés à l'anglaise, coiffé d'un melon, et qui tira après lui du coupé une magnifique boîte à fusil et une cartouchière dont les fermoirs étaient surmontés d'une couronne de comte, en même temps qu'un beau pointer écossais noir et feu s'élançait joyeux sur la chaussée et troublait de ses aboiements le silence matinal.

L'homme de peine, le garçon d'écurie, le conducteur étaient occupés à décharger les nombreux bagages du voyageur, lorsqu'on entendit retentir sur la route les grelotières d'un attelage en poste qui vint s'arrêter peu après à la porte du relais.

C'était un break-omnibus attelé de deux belles percheronnes, harnachées en buffle, avec grelots et queues troussées, et conduites par un domestique en petite livrée du matin.

— Ah! voilà Germain, dit le voyageur. J'avais peur que Maurice n'eût pas reçu ma lettre.

— La lettre de M. le comte est arrivée ce matin chez M. le comte, répondit le cocher, et

M. le comte m'a commandé de venir chercher M. le comte à la voiture de Pont-aux-Moines.

Et sur cette réponse, le cocher veilla à ce que les bagages de M. le comte fussent transportés dans l'omnibus, tandis que le jeune homme fumait tranquillement un cigare et marchait de long en large, pour réchauffer ses pieds engourdis.

Pendant ce temps, dans le bureau de tabac, le vieux brave homme regardait fort attentivement le jeune sous-officier et lui disait :

— Vous allez à Montargis, mon brave ?

— Non.

— A Gien ?

— Pas davantage, je descends ici.

— Mais vous n'êtes pourtant ni de Mardié, ni de Chécy, ni de Saint-Denis.

— Vous croyez ? fit la Jeunesse en souriant.

— Ah ! dame ! je connais tout le monde par ici, et je vous reconnaîtrais bien si vous étiez du pays.

— C'est vrai, dit le jeune homme qui tenait à garder son incognito quelques heures encore, je ne suis pas précisément du pays, mais j'y ai des parents.

— Ah ! vous y avez des parents ! Comment vous appelez-vous donc ?

Et le marchand de tabac avala une seconde gorgée d'eau-de-vie.

— La Jeunesse, répondit le sous-officier.

— Un drôle de nom! Je ne connais point ça, par ici...

Mais il était dit que la curiosité de l'ancien magister ne serait pas satisfaite ce jour-là, car son attention fut tout à coup absorbée par le breack-omnibus qui arrivait.

— Ah! ah! dit-il, il y a des voyageurs pour Javelle à la voiture.

La Jeunesse tressaillit. Quand M. Henri avait quitté Saint-Donat, la Javelle était une assez belle terre avec petit château, à vendre, et pour laquelle on ne trouvait pas d'acquéreur, bien qu'elle fût très-bien située.

Elle appartenait à des gentilshommes du Blaisois qui n'y venaient jamais et cherchaient à s'en défaire, mais avaient des prétentions très-élevées.

Lorsque le marchand de tabac ne questionnait pas, il faisait volontiers des confidences au premier venu.

Il éprouva donc le besoin de mettre le brigadier la Jeunesse au courant.

— Voyez-vous, mon garçon, dit-il, la Javelle est un château qui est à trois lieues d'ici, en tirant vers Boigny, un peu sur la gauche. Il y a une belle vue et on aperçoit la Loire au lointain, mais c'est tout ; les terres sont si mauvaises, tout sable, comme en Sologne, qu'on ne trouvait pas à la vendre. Alors, il est venu un monsieur de Paris, et l'affaire a été bâclée.

Car, voyez-vous, ajouta le bonhomme en clignant de l'œil, les Parisiens, tout malins qu'ils sont, seront toujours les dupes de la province ; ils payent tout plus cher, et on leur garde le moins bon.

Et comme la Jeunesse, qui se souciait fort peu de tout cela, se réchauffait un brin et s'apprêtait à partir, le marchand de tabac ajouta :

— Il est riche, il paraît, ce Parisien, et il peut bien manger de l'argent, si c'est sa fantaisie. On l'appelle M. le comte de Venelle.

C'est demain l'ouverture de la chasse, et il doit avoir joliment du monde chez lui, car voici trois jours que l'omnibus du château vient à toutes les voitures.

Le marchand de tabac fut interrompu par l'entrée dans son bureau du cocher de Javelle, qui posa un petit sac de voyage en cuir de Russie sur la table et demanda du tabac.

Il y avait une chandelle sur cette table, car

il était à peine jour, et la clarté de cette chandelle tomba sur le fermoir armorié du sac de nuit. Le brigadier la Jeunesse jeta dessus un regard distrait et tressaillit tout à coup des pieds à la tête.

Un nom était écrit au-dessous des armes :

Le comte Othon de la Billardière.

Et la Jeunesse se souvint du petit monsieur de la Billardière, engagé volontaire dans un régiment de chasseurs d'Afrique, lequel lui avait dit que son cousin Othon allait se marier dans l'Orléanais et épouser une veuve un peu farouche et vivant dans les bois.

Et M. Henri sentit ses tempes se mouiller de quelques gouttes de sueur, et son cœur battit plus vite.

Il jeta dix sous sur la table pour payer l'eau-de-vie, et sortit emportant sa valise au bout d'un bâton.

La route bifurque à Pont-aux-Moines. Le chemin de Saint-Donat tourne brusquement à droite, en quittant le relais avant d'arriver au pont. La Jeunesse prit ce chemin et se mit à marcher d'un pas alerte.

Le jour naissait, l'air était doux et la campagne était verte comme au printemps.

Septembre étalait ses richesses et ses harmonies, mais le jeune homme ne vit rien de tout cela.

Il entendit, au bout de dix minutes, le bruit des grelotières, celui des roues, les claquements du fouet, le piétinement des chevaux sur la route sonore, et il s'arrêta pour laisser passer celui qu'il devinait être son rival.

CHAPITRE III

La jalousie est la plus vieille de toutes les passions humaines, puisqu'elle arma le bras de Caïn.

L'homme qui se trouve sur notre chemin et nous fait obstacle nous sera toujours odieux, et nous serons éternellement disposés à ne pas lui rendre justice.

Ce sentiment s'empara de ce cœur droit et loyal qu'on appelait M. Henri.

Il regarda de travers cet élégant monsieur qui conduisait lui-même avec l'aisance d'un sportman les deux percheronnes du comte de Venelle, et fit claquer son fouet en arrivant sur lui et criant un *hop!* des plus impertinents.

Le break-omnibus passa comme l'éclair.

Mais la Jeunesse avait eu le temps d'examiner son rival, de le trouver laid, grotesque et de cette complexion chétive qui a fait, de nos jours, inventer le mot de *petits crevés*.

Puis, quand l'attelage eut disparu au tournant de la route, notre héros se remit en marche vers Saint-Donat.

La philosophie est la première religion du soldat. Celui qui est toujours en face de la mort est presque toujours doué d'une grande résignation.

Tout en cheminant, M. Henri se disait :

— N'est-il pas tout simple qu'*elle* se remarie, qu'elle épouse un homme de son monde, riche et indépendant?

Est-ce vraiment sa faute, si, naïf que je suis, je me suis laissé brûler le cœur par un amour qu'elle ne saura jamais?

Cet amour m'a longtemps tourné la tête, à ce point que je cherchais un refuge dans la mort. Mais la mort, quoi que je fasse, ne veut pas de moi; essayons donc, sinon d'oublier, au moins de n'avoir pas des pensées injustes et mauvaises.

Et, comme s'il eût voulu repousser le plus loin possible le cher et cruel souvenir qui l'assaillait en ce moment, il tira de sa poche la dernière lettre de France qui lui était parvenue en Afrique.

Cette lettre était du bon Marc Noël. Le bonhomme belge écrivait :

« Cher monsieur Henri,

Voici près de deux années que tu es parti, savez-vous, et si M. le curé ne nous donnait de temps en temps de tes nouvelles, nous ne saurions pas ce que vous êtes devenu.

Cependant, mon cher monsieur Henri, ce n'est ni moi ni Joseph, bien que maintenant nous soyons mal ensemble, qui vous avons dit des choses désagréables.

C'est ma belle sœur, qui se fait des désagréments avec tout le monde.

Enfin, vous êtes parti, et vous voilà en passe de devenir colonel, nous dit M. le curé. Ça sera t'y bientôt?

M. le curé nous dit aussi que vous allez demander un congé de trois mois et revenir au pays. Je pense bien que vous ne me ferez pas l'affront de descendre à l'auberge ou bien au presbytère.

Le château des Ormes, au moins pour ma part, est toujours à vous, sais-tu?

Et puis, il paraît qu'on ne revient pas d'Afrique sans beaucoup dépenser, et M. le curé m'a dit que tu ne te fâcherais pas si je t'envoyais cinq cents francs.

Je les mets donc sous enveloppe et nous vous attendons avec la plus grande impatience.

Votre vieil ami,

MARC NOEL. »

Cette lettre naïve dans laquelle le bonhomme demandait ingénument si M. Henri serait bientôt colonel, était parvenue au brigadier la Jeunesse, en pleine expédition, sous la tente et avait mouillé ses yeux.

Son enfance ignorante, mais heureuse, s'était représentée tout entière à son souvenir.

Le mal du pays, et peut-être un autre mal un peu assoupi, l'avait repris tout à coup.

Il avait droit à un congé; il l'avait demandé et obtenu.

En relisant cette lettre du bon Belge, la Jeunesse qui marchait toujours d'un pas alerte et voyait poindre à travers les arbres les premières maisons et le clocher rustique de Saint-Donat, la Jeunesse, disons-nous, sentait son cœur battre plus fort. L'odeur des prés lui montait à la tête comme un parfum enivrant, le vent frais du matin caressait son front hâlé.

C'était l'air du pays qu'il respirait, la terre natale qu'il foulait, et les fatigues du voyage étaient oubliées!

Il quitta la route et prit le bord du canal, ce chemin familier à la mère Miracle.

Il arriva ainsi jusqu'au moulin.

Le grand Jacques était sur sa porte ; mais il ne le reconnut pas.

L'uniforme changeait énormément M. Henri, et puis il avait maintenant une belle paire de moustaches châtain clair et une petite impériale qui allongeaient quelque peu son visage bronzé par le soleil africain.

M. Henri passa, et le grand Jacques se dit :

— Qui donc ça peut-il bien être ?

Après le moulin, on trouvait le presbytère.

Bigorne était dans le jardin, et la porte du jardin était ouverte. La Jeunesse entra.

Bigorne laissa tomber sa bêche d'étonnement et de joie.

— Ah! sac à papier! s'écria-t-il, sac à papier!

Ce juron, le seul que lui permît le bon curé Duval, fut tout ce que put dire le pauvre sacristain.

Il sauta au cou de M. Henri et se mit à l'embrasser de la belle manière.

Le jeune homme avait les larmes aux yeux.

Marianne, la servante du curé, qui se levait en ce moment-là, accourut à son tour et s'écria :

— C'est-y Dieu possible! ça serait-y M. Henri?

— Certainement, disait Bigorne, et M. le curé aurait bien pu revenir hier soir.

— Comment! dit la Jeunesse, M. le curé n'est pas ici?

— Il est à Orléans, en retraite, depuis huit jours. Il reviendra ce soir.

Marianne accablait le jeune homme de questions et lui disait en même temps :

— Vous devez avoir faim... et il ne fait pas chaud; cette nuit vous avez eu froid, n'est-ce pas? aux pieds surtout... Je vais vous préparer une bonne tasse de café et vous allumer un grand feu.

— Merci, ma bonne Marianne, répondit la Jeunesse ; mais, puisque M. le curé n'est pas ici, c'est aux Ormes que je vais aller.

— Aux Ormes!

Et la servante prononça ce mot comme si le

château eût été habité par une légion de diables.

— Oui, dit M. Henri; le bon Marc Noël se fâcherait si je n'allais pas chez lui tout de suite. Je reviendrai ce soir ici.

— Je vais vous accompagner, dit Bigorne.

Et le sacristain s'empara de la valise du jeune sous-officier.

Puis, quand ils furent en route, il lui dit :

— Vous allez voir de drôles de changements au château.

— Quoi donc ?

— Vous verrez...

Et Bigorne eut un sourire malicieux, ajoutant :

— Il n'y a que les Belges pour avoir de ces idées-là !

Et M. Henri, intrigué, se mit à suivre Bigorne qui marchait toujours de manière à justifier son surnom de *Dératé*.

CHAPITRE IV

En sortant de Saint-Donat par la route du haut, comme on dit, on trouve une rangée de moulins à gauche et à droite du chemin vicinal, et lorsqu'on arrive sur la hauteur, on aperçoit le château des Ormes au loin, dans la plaine, au bord des bois.

Quand il fut parvenu à ce point culminant, notre ami la Jeunesse s'arrêta, ému d'abord, surpris ensuite.

L'émotion était toute naturelle.

C'était son berceau qu'il apercevait à l'horizon.

Mais la surprise qu'il éprouva domina l'émotion.

Et certes, comme on va le voir, il y avait de quoi être surpris.

La large façade du manoir avait l'air d'avoir été coupée en deux.

La partie de gauche était brune, la partie de droite était blanche.

Il y avait une tour éblouissante de blancheur, et une tour qui avait conservé sa bonne vieille couleur grise et son revêtement de lierre.

Les fenêtres de la partie blanche étaient devenues modernes; elles possédaient des volets verts. Les autres avaient conservé leur forme ogivale.

Les murs de la cour avaient subi pareille métamorphose.

Enfin, derrière le vieux manoir, le parc avait éprouvé le même sort.

Une moitié des grands arbres était tombée, l'autre demeurait debout.

On eût dit un homme qui n'aurait fait sa barbe que d'un côté.

Devant le château, jadis, s'étendait une belle pelouse verte.

La moitié de cette pelouse avait été convertie en jardin anglais.

Enfin, au lieu d'une porte aux murs de la

tour, M. Henri, stupéfait, en vit deux, comme il vit un mur qu'on avait construit au milieu de la grande avenue de vieux ormes, lequel mur la coupait en deux et faisait, par conséquent, deux chemins aboutissant chacun à l'une des deux portes.

— Mais qu'est-ce que cela? fit M. Henri, stupéfait.

Bigorne se mit à rire :

— Je vous l'ai dit, fit-il, il n'y a que les Belges pour avoir de ces idées-là.

— Mais enfin, de quoi s'agit-il?

— Ma foi! reprit le sacristain, je voulais d'abord vous faire deviner, mais autant vaut vous mettre au courant tout de suite.

— Voyons.

— La Roquillone a tout gâté aux Ormes.

— Comment?

— Il n'y avait pas six mois qu'elle était mariée, que les deux frères étaient brouillés.

— Brouillés tout à fait?

— A mort.

— Est-ce possible? fit le jeune homme avec un douloureux étonnement.

C'est-à-dire, poursuivit Bigorne, qu'ils ne se rencontrent jamais sans se dire des sottises, et chacun d'eux sort armé de son fusil.

— Mais alors ils ne vivent donc plus ensemble.

— Ah bien oui ! Ils ont partagé le château en deux, l'escalier en deux, la cour en deux, l'avenue en deux, chaque pièce de terre en deux.

— Mais c'est de la folie !

— La partie blanche est à Joseph.

Mme Noël a meublé ça un peu joliment, et de la vieille tour elle a fait un beau pigeonnier, comme dit M. le curé Duval qui ne peut jamais s'empêcher de rire quand il passe par ici.

Marc, au contraire, a dit qu'il ne se trouvait pas plus grand seigneur que défunt son oncle, et que, puisque son oncle n'avait pas remis le château à neuf, il ne voyait pas pourquoi il le restaurerait, lui.

Le dimanche, Mme Joseph Noël vient à la messe en voiture.

Elle a pris un domestique qui a une casquette cirée avec un gros galon d'or, et porte une veste bleue sous sa blouse.

M. Marc est plus simple.

Il vient à pied, et quand il a des rhumatismes, il monte sur un âne.

Le père Roquillon ne parle plus de sa fille

autrement qu'en disant : *la dame du château des Ormes.*

C'est à mourir de rire.

Et Bigorne riait en effet, tandis que le pauvre la Jeunesse continuait tout pensif son chemin vers les Ormes.

Tout à coup, Bigorne s'arrêta.

— Tenez, dit-il, regardez donc là-bas.

Et il lui montrait un point noir dans la partie gauche de l'avenue.

Henri eut un battement de cœur. Il avait reconnu le bon Marc Noël qui sortait un fusil sur l'épaule.

Et il doubla le pas.

Un quart d'heure après, il était dans les bras du bonhomme qui pleurait de joie.

— Maintenant, monsieur Henri, dit Bigorne, je m'en retourne. Ne manquez pas de venir au presbytère ce soir ; M. le curé sera de retour.

Et Bigorne s'en alla.

— Comme tu es devenu un beau et grand monsieur ! savez-vous ? disait le bon Belge en pressant les mains du jeune homme. Et quel bel uniforme !... J'en ai vu comme ça à Bruxelles, une fois que je suis allé visiter Laeken.

Et le bonhomme ne se lassait pas de reg

der M. Henri, de le contempler, de l'admirer et de lui faire une foule de questions, tout en l'emmenant au plus vite au château.

De son frère et de sa belle-sœur, il ne lui dit pas un mot.

Mais comme il arrivait à la porte de la cour, Henri aperçut Joseph Noël.

Le mur qui séparait l'avenue ne touchait pas au mur de la cour.

Cela tenait à une servitude.

Les propriétaires des Ormes devaient un chemin sous leurs fenêtres aux gens du pays; il avait donc fallu laisser ce chemin libre et, par conséquent, le mur qui séparait l'avenue en deux finissait à dix pas des deux portes.

De telle façon que, lorsque les deux frères rentraient ou sortaient en même temps, ils s'apercevaient comme à travers une meurtrière.

Joseph Noël aperçut M. Henri et le reconnut.

— Comment! c'est toi, notre monsieur, savez-vous, s'écria-t-il.

Et il oublia que Marc était là, et il voulut sauter au cou du jeune homme qui fit deux pas en avant.

Mais Marc s'écria :

— N'entre pas chez moi, brigand!

Joseph se tint, en jurant, sur cette ligne de démarcation imaginaire qui devait continuer le mur.

Mais, tandis que M. Henri l'embrassait, une fenêtre de la partie blanche du château s'ouvrit, encadra le visage altier de la Roquillone, et une voix aiguë et furibonde s'écria :

— Ah çà, monsieur Noël, est-ce que vous allez maintenant vous faire des affaires avec ce misérable !

C'était de Marc Noël qu'elle parlait.

Le malheureux Joseph se dégagea des bras de M. Henri, et se sauva comme s'il eût entendu la trompette du jugement dernier éveillant les sinistres échos de Josaphat.

CHAPITRE V

Faisons maintenant connaissance avec les hôtes du château de Javelle, et surtout avec M. le comte de la Billardière, que ses amis de Paris appelaient tout simplement le comte Othon.

C'était, comme on a pu le voir, une des jolies personnifications du gandin moderne, affectant un chic anglais, une tenue anglaise, portant des faux-cols très-hauts et des cravates très-basses, toujours un lorgnon sur l'œil et une façon impertinente de regarder les gens, hommes ou femmes.

Du reste, la lettre qu'il avait reçue de son ami M. de Venelle, le nouveau propriétaire de Javelle, achèvera de nous le peindre.

Cette lettre était parvenue au comte Othon, environ quinze jours avant celui où nous l'avons vu descendre de voiture à Pont-aux-Moines.

La voici :

« Mon cher bon,

Si tu n'as pris aucun engagement, je te retiens pour l'ouverture de la chasse qui a lieu cette année le 5 septembre.

Ma femme a acheté un château.

Ce château s'appelle Javelle.

C'est un peu vieux, c'est assez laid, mais c'est solide.

Or, Mme la comtesse de Venelle, née Joublot et fille d'un honorable marchand de laine, sait fort bien que je ne l'ai épousée que pour son argent, comme elle ne m'a épousé que pour mon titre.

Dans les conditions harmonieuses de cette union, chacun de nous tire le plus possible *la couverture à soi*, comme on dit.

Mme la comtesse achète des terres, ce qui est plus solide; moi, j'emprunte par-ci par-là, sur des titres de rente, et j'engage bien mes fournisseurs à menacer Mme la comtesse d'un esclandre, s'ils veulent être payés.

C'est vraiment charmant, le mariage dans de semblables conditions.

Et dire que si mes créanciers m'avaient moins tourmenté, si j'avais été moins pressé, j'aurais pu épouser une veuve adorable qui a vingt-sept ou vingt-huit ans, une beauté de premier ordre, cent mille livres de rentes, et qui cherche une âme sœur de son âme !

Au lieu de cela, j'ai épousé Mlle Armide Joublot, qui a les coudes pointus, trente-six ans sonnés, un peu de couperose à travers le visage, un regard sans flamme, une voix criarde, et qui passe sa vie à se broder des mouchoirs armoriés. Elle a acheté son blason assez cher pour semer des couronnes comtales sur tous ses meubles.

Toquade de bourgeoise, mon cher.

Mais revenons à la belle veuve ; je veux te la faire épouser.

Tu as pas mal grignoté. Que te reste-t-il ? Qu'est-ce que tu dois ?

Il ne faudrait pas ruiner cette pauvre femme, le lendemain de la signature du contrat.

Une demoiselle Joublot, passe !

Mais elle est de race, celle-ci. C'est une fille de bonne maison.

Elle a pleuré son premier mari avec une

telle conscience qu'elle est venue enfermer sa douleur entre les quatre murs d'un petit château perdu dans les bois.

Voici trois ans qu'elle n'en a bougé.

Je crois qu'elle s'ennuie horriblement, et le premier homme un peu bien tourné, — ce qui est rare par ici, — n'aura qu'à frapper à la porte de son cœur pour qu'elle s'ouvre toute grande. Cela te va-t-il?

Si oui, viens à Javelle.

Ton vieux camarade de folies,

RAOUL DE VENELLE.

P. S. Tu es fort bien certainement avec cette jolie petite et fluette et mignonne Mme de Lassenie, la femme de notre ami Paul.

Eh bien, va la voir et demande-lui des renseignements.

La baronne est son amie.

Elle te donnera certainement une lettre d'introduction.

A toi encore.

R... DE V... »

Quand cette lette était parvenue à M. le comte Othon de la Billardière, il faisait justement quelques réflexions assez tristes sur l'état de sa fortune. Terres hypothéquées, dettes criardes, dettes de jeu, il avait un peu de tout.

Seulement, il avait si bien caché sa ruine, qu'on le croyait riche encore.

— Epouser une jolie femme et cent mille livres de rente, se dit-il, mais cela me va!

Et comme M. le comte Othon de la Billardière avait en ses mérites une confiance absolue, comme il était persuadé qu'aucune femme ne pouvait lui résister, il avait écrit à son jeune cousin, engagé dans un régiment d'Afrique : « Je vais dans l'Orléanais épouser une veuve un peu farouche et qui vit au milieu des bois. »

Puis il s'était mis en quête de Mme de Lassenie.

Elle n'était ni à Paris, ni en Touraine ; elle voyageait avec son mari.

Où ? En Suisse probablement ; mais le comte Othon se dit :

— Allons toujours sonder le terrain... nous verrons après.

Il était donc parti de Paris l'avant-veille de l'ouverture de la chasse, c'est-à-dire le 3 septembre, et le soleil levant miroitait sur les toits d'ardoise du château de Javelle, lorsque le break-omnibus entra dans la cour chargé de ses bagages, et conduit par lui avec la légèreté de main d'un vrai sportman.

M. Raoul de Venelle attendait son ami avec impatience.

Depuis le moment où il avait entendu, dans le lointain, les grelots des juments postières, le châtelain se tenait sur la dernière marche du perron.

Le comte Othon jeta les guides aux mains du valet, sauta lestement à terre et se laissa embrasser par son hôte de la meilleure grâce du monde.

Celui-ci le prit par le bras :

— Viens déjeuner, lui dit-il, tout le monde dort encore ici, et nous avons deux bonnes heures de liberté ; nous pourrons causer à notre aise.

— Tu as donc beaucoup de monde ?

— Une dizaine de personnes.

— Ah ! qui donc ?

— Oh ! un tas de provinciaux. Des Joublot de toute âge et de toute profession, et parmi eux notre vieil ami Arthur Vanier, tu sais ?

— Parbleu !

— Qui fait tache au milieu de tous ces butors, lui, le gentilhomme par excellence. On dirait un chien de race au milieu d'une dizaine de vachers.

Tout en parlant ainsi, M. de Venelle avait conduit son ami dans la salle à manger où l'attendait un déjeuner froid, et ils s'étaient mis à table.

— Mais parle-moi donc de la veuve, dit le comte Othon.

— As-tu vu Mme de Lassenie ?

— Non, elle est en Suisse.

— Diable !

Et M. de Venelle fronça le sourcil.

— Comme tu me dis cela ! fit-il, inquiet à son tour.

— Dame ! répondit M. de Venelle, j'ai une crainte.

— Laquelle ?

— C'est que tu n'aies un rival...

— Bah ! dit le comte Othon avec suffisance, s'il en est ainsi, j'en appellerai à l'épée de mes pères.

M. de Venelle se mit à rire.

— Ecoute, dit-il.

CHAPITRE VI

Le comte Othon s'était renversé sur le dossier de sa chaise et regardait son ami avec une curiosité un peu inquiète.

— Voyons, dit-il, parle-moi de ce rival.

— Ce rival, dit M. de Venelle, est un jeune sous-officier de chasseurs d'Afrique.

Le comte fronça le sourcil.

— Il y a des hasards assez étranges, poursuivit M. de Venelle. Tu vas voir. C'est par une bonne femme et un curé que j'ai appris la chose.

— Ah! et comment?

— La bonne femme est une manière de sorcière de village qu'on appelle la mère Miracle.

— Joli nom!

— Le curé est notre desservant de Saint-Donat.

Pour aller de Saint-Donat au château de Reuil, c'est le manoir de notre jolie veuve, le plus court chemin est de passer sous les murs du parc de Javelle.

Depuis mon arrivée ici, je voyais presque chaque jour la bonne femme suivre ce chemin.

Un matin je demandai à mon jardinier :

— Qu'est-ce que cette femme?

— La mère Miracle, me répondit-il.

— Où va-t-elle?

— A Reuil, voir Mme la baronne.

— Comment! tous les jours?

— A peu près.

En province, où on n'a rien à faire, il faut bien s'occuper un peu des affaires des autres. Je trouvai donc assez extraordinaire que cette belle dame qui ne veut voir personne fît sa société habituelle d'une paysanne.

Ce qui me parut non moins étonnant aussi, c'est que le curé faisait tous les deux ou trois jours le même chemin.

Pendant que je cherchais l'explication de ce qui me paraissait un mystère, le hasard se chargea de me la donner.

Il y a de cela sept ou huit jours.

Au bout du parc, et précisément à l'endroit où passe le chemin dont je te parlais, se trouve un petit pavillon rustique dans lequel j'ai coutume de faire ma sieste après déjeuner et quand j'ai fumé mon cigare.

L'autre jour donc, vers trois heures de l'après-midi, je fus réveillé par un bruit de voix et je m'approchai de l'une des fenêtres qui était ouverte.

Le curé et la mère Miracle étaient assis sur un tronc d'arbre, sous la fenêtre, et causaient.

La province rend curieux, je me retirai un peu en arrière de la fenêtre pour n'être pas vu et j'écoutai.

Je ne te rapporterai pas toute la conversation que je surpris ; mais il fut avéré pour moi que Mme la baronne Mercier aimait M. Henri, un pauvre petit gentilhomme sans le sou qui s'était engagé, et que la mère Miracle demandait des nouvelles de ce dernier pour les reporter, sur-le-champ sans doute, au château de Reuil.

— Mais enfin, dit le comte Othon qui avait écouté attentivement son ami, où est-il ce sous-officier ? en Afrique, sans doute ?

— C'est probable. Cependant on m'a dit aux Ormes, chez Mme Noël...

— Bon ! qu'est-ce encore que cela ?

M. de Venelle eut un sourire de don Juan.

— Mon cher, dit-il, les Ormes sont l'ancien manoir seigneurial de Saint-Donat. Il appartient maintenant à deux honnêtes imbéciles dont l'un a eu la folie d'épouser une petite fille effrontée comme un page, jolie comme un démon, et qui se montre très-flattée de mes visites.

— Ah ! ah ! dit le comte Othon en riant, te voilà jouant aux champs le rôle de lovelace ?

— On fait ce qu'on peut, répondit le châtelain de Javellé avec une modestie impertinente.

— Eh bien, que t'a-t-on dit aux Ormes ?

— Que notre rival allait avoir un congé.

— Ah !

— Et qu'on l'attendait d'un jour à l'autre à Saint-Donat. C'était même un sujet de querelle entre l'adorable Mme Noël et son benêt de mari, car il faut te dire que les deux frères sont brouillés à mort, et que c'est chez le célibataire que M. Henri doit venir.

Or le mari de Mme Noël a dit qu'il embrasserait M. Henri, dût-il aller chez son frère, et Mme Noël a fait, en vue de cet événement, les serments les plus terribles.

— Mais enfin, reprit le comte Othon, quand

on est jeune, riche, jolie et veuve d'un homme distingué, on n'épouse pas un sous-officier.

— Les femmes sont si bizarres !

— C'est vrai, soupira le comte Othon.

— Et puis, ce sous-officier, qui est déjà décoré pour fait d'armes extraordinaire, aura l'épaulette au premier jour.

— Peuh ! dit le comte Othon avec dédain.

— Il est jeune, il est joli garçon, il donnera sa démission et épousera la veuve.

— Mais ton programme est charmant ! fit le comte avec aigreur ; alors pourquoi m'as-tu dérangé ?

— Mais, cher bon, répondit M. de Venelle, je te dis comment les choses iraient si nous n'étions pas là. Seulement nous y sommes, et nous aviserons. Et puis je crois que nous aurons un auxiliaire.

— Qui donc ?

— Mme Noël.

— Bah !

— Elle déteste ce jeune homme, et, s'il revient, comme elle est plus méchante que la gale, elle lui jouera certainement quelque mauvais tour.

Mais le comte Othon, illuminé tout à coup

par un souvenir, interrompit brusquement son hôte.

— Tu dis que c'est un sous-officier de chasseurs d'Afrique?

— Oui.

— Décoré?

— Parfaitement.

— Et jeune?

— Vingt-deux ou vingt-trois ans.

— Mais il n'arrive pas, il est arrivé! C'est lui, bien certainement.

— Lui... qui?...

— Lui avec qui j'ai fait le trajet d'Orléans à Pont-aux-Moines. Je me rappelle parfaitement maintenant l'avoir vu descendre de l'impériale, tandis que ton domestique s'occupait de nos bagages.

Je l'ai même vu entrer dans le bureau de tabac où il a bu de l'eau-de-vie comme un soudard qu'il est.

— Et il est resté à Pont-aux-Moines?

— Non, il a pris le chemin de Saint-Donat, sur lequel nous l'avons dépassé quelques minutes après.

— Il était à pied?

— Parfaitement, avec une valise de cavalier sur l'épaule.

— Si c'est lui, dit M. de Venelle, certainement il est allé aux Ormes. Au lieu de dormir quelques heures, es-tu homme à monter à cheval avec moi?

— Sans doute.

— Tandis que Mme la comtesse de Venelle dort encore et rêve de donner toute l'année du chevreuil aux domestiques pour faire une économie de viande de boucherie, si tu le veux, nous allons galoper vers les Ormes.

Je te présenterai à la belle Mme Noël, dont certainement le mari est aux champs, et nous saurons bien si le sous-officier est arrivé.

— A merveille! dit le comte.

M. de Venelle fit retentir le timbre placé sur la table, et dit au domestique qui entra :

— Sellez-moi donc Toto et Fanchette.

— Je brûle de me trouver face à face avec mon rival, murmura le comte Othon avec un sourire impertinent.

Quelques minutes après, le comte et son hôte galopaient dans un chemin creux qui menait aux Ormes.

CHAPITRE VII

Ainsi que l'avait dit Bigorne, tandis que Joseph Noël, sous l'impulsion de sa jeune femme, — passait un lait de chaux sur la portion du château qui lui appartenait, restaurait cette portion à l'intérieur, achetait des meubles d'acajou criard et dessinait un jardin anglais sous ses fenêtres, — le bon Marc restait paysan et laissait les choses comme il les avait trouvées.

La partie de cour qui lui restait avait une belle mare aux canards au milieu, et dans un coin un trou à fumier.

De l'autre côté, un hangar abritait la carriole antique de l'oncle défunt, un tombereau, une charrette et différents instruments aratoires.

Marc faisait valoir.

Il avait pris trois valets de ferme, deux servantes, dont une que nous avons entrevue au commencement de ce récit, — la Tordue ; cette fille contrefaite, au regard louche, méchante et naïve à la fois, que la Métivière avait à son service jadis, et qu'il avait renvoyée en quittant la ferme.

La Tordue avait bien alors dix-sept ans ; mais était si petite, si chétive, en dépit de ses grosses mains et de ses grands pieds, qu'on lui en eût plutôt donné douze.

La Tordue était aux Ormes depuis environ six mois.

Elle était si bête que les autres domestiques en avaient fait leur souffre-douleur.

Mais comme elle était méchante, elle trouvait toujours quelque moyen de se venger.

Un jour elle jetait une poignée de sel dans la soupe ; une autre fois, elle ouvrait, la nuit, l'étable aux vaches, et les vaches se sauvaient.

Une autre fois encore elle piquait une aiguille dans la paille d'une chaise et celui qui s'asseyait se piquait cruellement.

La Tordue était un perpétuel objet de risée.

Quand elle vit arriver, ce matin-là, M. Henri, le beau sous-officier, elle se prit à le regarder avec un étonnement et une admiration qui firent rire aux larmes les gens de la maison.

Tandis que le jeune homme était dans la salle à manger et que le bon Marc le faisait se réconforter avec son meilleur vin et cette charcuterie fumée que les Belges adorent et qu'il avait importée à Saint-Donat, la Tordue disait naïvement à la cuisine :

— Quel beau monsieur ! et quel bel habit !

— Tu le trouves tout *faraud*, n'est-ce pas? dit l'autre servante, en riant.

— *Faraud* tout plein, répondit la Tordue.

Cette expression de *faraud* est presque intraduisible; cela veut dire, pour les paysans du centre, *bien mis, distingué, élégant, Lovelace*.

Être *faraud* c'est être un gentleman de campagne.

Un des valets de ferme qui achevait de déjeuner, et qui avait l'esprit en belle humeur, prit un air sérieux et dit à la Tordue :

— Tu sais pourquoi il vient ici, ce beau monsieur?

— Nenni-da! répondit-elle.

— Il vient pour se marier.

— Avec qui donc ça? dit la Tordue.

— Avec toi, si tu veux!

La pauvre idiote faillit tomber à la renverse de surprise, de joie et d'émotion.

— Jean, dit l'autre servante, pourquoi donc que tu te gausses de Louison?

— Mais je ne me gausse pas, répondit Jean, c'est la pure vérité ce que je dis là, à preuve que tout à l'heure il l'a regardée et il a dit : Voilà une belle fille, et si elle veut être ma femme, je ne m'en dédis pas.

Ce fut un éclat de rire bruyant dans la cuisine.

L'autre servante rit plus fort que les autres; la Tordue la regarda de son mauvais œil louche.

Jean, seul, ne riait plus.

Or, comme Jean était celui qui tourmentait le moins la pauvre fille, la Tordue en conclut que les autres avaient tort, que Jean avait raison, et elle prit ses paroles pour argent comptant.

Jean dit encore :

— C'est un très-bon garçon, le beau monsieur, et il a assez d'argent pour deux.

— Vrai? fit la Tordue, il a de l'argent?

— S'il n'en avait pas, est-ce qu'il aurait les

moyens d'avoir comme ça de beaux galons d'or sur les manches? répondit Jean.

Pour un esprit aussi peu cultivé que celui de la Tordue, la raison était concluante.

Et comme elle tournait la tête vers la porte de la salle à manger, Jean fit un signe aux autres domestiques, et un pacte fut conclu entre eux, dont le but était de prolonger la mystification.

Pendant ce temps, notre ami la Jeunesse buvait et mangeait avec l'appétit d'un homme qui a passé la nuit en chemin de fer et en voiture, et a fait ensuite une promenade matinale.

— Tu feras bien de vous coucher quelques heures, monsieur, dit le bon Marc.

— Je ne dis pas non, répondit M. Henri.

— Tu dois être joliment fatigué, savez-vous?

— Un peu, mon ami.

— Et comme c'est demain l'ouverture...

— Je compte bien la faire avec vous, dit encore le jeune homme. Y a-t-il toujours du gibier?

— Plus que de ton temps, savez-vous?

Ils causèrent encore quelques minutes; puis Marc Noël frappa du dos de son couteau sur un verre en criant :

— Hé ! Louison ?

Louison entra, rouge comme une framboise, et se mit à regarder M. Henri avec un redoublement d'admiration.

— Mène donc M. de Beauchêne à sa chambre, dit le bon Marc.

— Est-ce toujours la même ? fit le brigadier.

— Non ; depuis que nous avons fait notre partage avec ce brigand de Joseph, répondit Marc, tout est changé.

La Jeunesse suivit la Tordue. Celle-ci monta l'escalier qui n'était plus qu'une moitié d'escalier, du reste, d'un pas alerte et conquérant. Quand elle fut au premier étage, elle fit trois pas dans un corridor, poussa une porte et dit :

— C'est là !

— Merci, mon enfant, dit le brigadier en la congédiant d'un signe.

Mais la Tordue ne bougea. Puis elle le regarda d'un air bêtement effronté et lui dit :

— Vous êtes un bien beau monsieur, tout de même. Vous seriez un bien joli mari.

La Jeunesse partit d'un éclat de rire.

— Eh bien, dit-il nous causerons de ça quand j'aurai dormi.

Et il lui ferma la porte au nez et se jeta tout vêtu sur son lit.

CHAPITRE VIII

Huit jours s'étaient écoulés.
Que s'était-il passé durant ces huit jours?
Pour le savoir, il faut se transporter un moment à Paris, dans l'hôtel de la jolie Mme de Lassenie qui revenait de voyager en Suisse et en Allemagne.

La belle amie de Mme la baronne Mercier était dans sa chambre à coucher, à neuf heures du matin, déjà levée, déjà habillée et prête à repartir.

M. Paul de Lassenie son mari fumait gravement un cigare et, tout en fumant, il enfermait dans une boîte de cuir de Russie deux magnifiques fusils anglais encore vierges, mais qu'attendaient en frissonnant les perdreaux et les lièvres de Touraine.

Arrivés de la veille, M. et Mme de Lassenie repartaient le soir même pour leur château des environs de Tours.

Tandis que son mari s'occupait de ses fusils, la jeune femme fouillait de ses jolis doigts une grande coupe de cristal de Bohême pleine de cartes de visite arrivées en son absence.

— Tiens! dit-elle tout à coup, voilà une visite rare : *Le comte Othon de la Billardière.*

— Pourquoi rare? dit M. de Lassenie.

— Mais, parce que je le vois rarement. C'est tout simple, et le mot rare n'a pas deux significations.

— Je le vois souvent au club, moi.

— Alors la visite était pour toi, dit avec indifférence Mme de Lassenie.

Et elle continua son inspection.

Mais un valet de pied entra, en ce moment, apportant sur un plateau deux lettres venues par la poste.

Chose bizarre! ces lettres, à l'adresse toutes deux de Mme de Lassenie, portaient le timbre d'Orléans.

La jeune femme reconnut l'écriture de la première :

— Une lettre de Marthe! dit-elle.

— Je parie, fit M. de Lassenie, en riant, qu'elle se repent et nous prie de lui trouver un mari.

Mais déjà Mme de Lassenie examinait curieusement le cachet armorié de la deuxième lettre dont l'écriture de la suscription lui était inconnue.

— Connais-tu cela, Paul? dit-elle, en mettant le cachet sous les yeux de son mari.

— D'azur à trois besants d'or, timbrés d'une couronne de comte?

— Oui.

— Sans doute, ce sont les armes des Venelle.

— Et c'est ton ami M. de Venelle qui m'écrit?

— Cela m'en a l'air.

La curiosité de la femme l'emporta sur son amitié.

Ce fut la lettre du comte que Mme de Lassenie ouvrit la première.

« Bien chère madame,

On m'assure que vous n'êtes pas à Paris, mais où que vous soyez, je suis sûr que mon humble requête vous parviendra.

Un homme est obligé de renoncer à ces liaisons de plume, à ces phrases d'une spirituelle diplomatie qui font la force des hommes ; il lui faut aller droit au but, et c'est ce que je fais. Mon ami Paul a dû vous dire que Mme de Venelle avait acheté une propriété dans le Loiret.

Cette propriété, qui a nom le château de Javelle et d'où je vous écris, est située à une lieue à peine d'un autre château qui certainement vous est connu, car il est l'asile d'une de vos amies presque aussi belle que vous, Mme la baronne Mercier.

La baronne est aussi cruelle que belle.

On la rencontre en forêt, galopant sur une haquenée blanche et semant autour d'elle le désespoir.

J'ai chez moi un pauvre garçon, un ami commun à Paul et à moi, Othon de la Billardière, qui se meurt d'amour pour elle, je n'exagère rien, et qui n'a plus d'espoir qu'en vous.

Il prétend que la baronne doit s'ennuyer de son veuvage, que le besoin d'un cœur qui la comprenne doit se faire violemment sentir chez elle ; que si vous disiez un mot, si vous écriviez deux lignes de votre spirituelle et fine écriture, ce mot et ces deux lignes lui ouvriraient les portes du château de Reuil.

Que sais-je encore?

Fidèle Pylade de ce nouvel Oreste, madame, je vous transmets ses vœux et je joins mes prières aux siennes.

Seront-elles exaucées?

Je ne sais. La baronne est, dit-on, farouche, et vous seule pouvez adoucir cette nouvelle Diane chasseresse.

Maintenant, deux mots de notre Amadis.

Othon de la Billardière est, comme vous savez, un assez beau cavalier. Son nom n'est pas sans éclat; bonne noblesse, quoique de robe.

Je ne sais pas au juste le chiffre de sa fortune, je crois même qu'il a un peu croqué; mais il lui reste deux oncles et une tante à mettre sous la dent au premier matin, tous trois fabuleusement riches.

Othon est libre de tout engagement, il a horreur des dames du lac.

Son cœur est donc aussi pur que le sommet des Alpes.

Il me semble que cette union serait parfaite sous tous les rapports.

Nous attendons vos conseils, Othon et moi, madame, et nous demeurons à vos pieds.

Comte DE VENELLE. »

Mme de Lassenie passa cette lettre à son mari qui la lut gravement.

Ils étaient un peu enfants, ces jeunes époux pour qui la lune de miel durait toujours.

M. de Lassenie prit à deux mains la tête frisée de sa femme et lui dit :

— Je te fais un pari, mignonne.

— Voyons ?

— Je gage que la baronne t'écrit de son côté : « Ma chère, mon cœur a parlé... Un bel étranger que je rencontre tous les matins dans les bois... etc... etc... »

Mme de Lassenie se mit à rire.

— A ton compte, dit-elle, nous n'aurions plus qu'à envoyer la lettre de M. de Venelle à Marthe, et celle de Marthe à M. de Venelle.

— Je le crois.

— Mais... le petit soldat...

— Ah ! oui... le pâtour, comme tu l'appelais ?

— Précisément. Eh bien ?

— Eh bien ! mais, dit M. de Lassenie, il a peut-être été tué en Afrique. Qui sait ?

Mme de Lassenie secoua la tête.

Elle tenait toujours à la main la lettre fermée de la baronne Mercier.

— Moi, dit-elle, je gage que cette lettre est pleine du joli petit soldat.

— Et moi, du comte Othon.

— Eh bien, que parions-nous?

— Ce que tu voudras.

— Non, dit Mme de Lassenie, tu perdrais ton pari, je ne veux pas te voler.

Et elle rompit le cachet de la lettre de la baronne.

CHAPITRE IX

La baronne Mercier à Mme de Lussenie.

« Ma bonne Laure,

Voici bien longtemps que nous ne nous sommes écrit.

Pourquoi ?

Peut-être me boudes-tu d'avoir refusé, il y a deux ans, ton invitation, et de n'avoir pas suivi tes conseils ?

Peut-être aussi, de mon côté, ai-je eu le grand tort de cesser brusquement toute correspondance, parce que tes théories et ta morale n'étaient pas tout à fait de mon goût ?

J'étais alors inquiète, irrésolue, malheureuse même.

Aujourd'hui je suis forte et vaillante, et ma résolution est prise.

C'est à toi que j'écris, mais c'est de ton mari que j'ai besoin.

Paul est un de nos hommes les plus répandus, les plus en crédit.

Toutes les portes s'ouvrent devant lui, et avant toutes, celles du ministère de la guerre, où l'on n'oublie pas qu'avant de devenir ton mari, il a été un de nos plus braves officiers de l'armée d'Italie, et qu'il a pris de sa main un drapeau autrichien à Solferino.

Je te vois sourire et murmurer :

— Elle va nous parler de son petit paysan devenu soldat!

Eh bien, oui, ma bonne Laure, c'est de lui qu'il s'agit.

D'abord le petit paysan n'est plus soldat, il est sous-officier; ensuite il est décoré, et ce n'est pas plus le jeune homme timide et rougissant d'il y a deux ans, que tu n'es, toi, l'élégante et la belle, la petite fille qui baissait les yeux et pleurait pour un rien quand elle arriva à notre pension.

Je t'en ai trop dit déjà pour ne pas aller jusqu'au bout.

Ecoute donc.

Tes lettres m'avaient un peu ébranlée; je ne savais plus à qui entendre, de toi ou de mon bon abbé Duval, qui était devenu ma providence et mon conseil.

Lorsque M. de Beauchêne fut parti, j'eus pendant quelques mois une velléité de revenir à Paris. Mais un je ne sais quoi me retenait, je remettais mon départ de quinzaine en quinzaine et de mois en mois.

Chaque fois que ma résolution paraissait bien prise, le bon curé arrivait.

Il avait toujours reçu une lettre de notre pauvre petit soldat qui écrivait naïvement que malgré tous ses efforts il désespérait de se faire tuer; la mort ne voulait pas de lui!

Jamais dans ces lettres que j'ai toutes lues mon nom n'était prononcé, et cependant il me semblait le voir entre les lignes, et chaque phrase me paraissait se rapporter à moi.

Ne te moque pas, j'ai adoré mon mari. Eh bien, je n'ai peut-être jamais ressenti, en ouvrant ses lettres qui m'arrivaient d'outre-mer, une émotion plus grande que celle que j'éprouvais lorsque le vieux prêtre mettait sous mes yeux ce qu'il appelait son dernier courrier d'Afrique.

Et je reculais toujours mon départ.

Un matin, j'ai appris que M. de Beauchêne avait été décoré.

Paul, qui se connaît en bravoure, n'a qu'à prendre *le Moniteur* du 17 juillet, et il verra si ce ruban rouge est une faveur !

Un autre jour, l'abbé Duval est venu et il m'a dit :

— Notre protégé va demander un congé. Dans huit jours il sera ici. Voulez-vous me permettre de vous l'amener ?

Je crois que j'ai failli m'évanouir.

Huit jours plus tard, en effet, il y en a sept de cela, comme j'achevais ma toilette du matin pour faire ma promenade à cheval quotidienne, je me suis approchée de la fenêtre de mon cabinet de toilette qui donne sur l'une des allées forestières perpendiculaires à mon petit manoir.

Alors j'ai eu un battement de cœur si grand que j'ai cru que j'allais mourir, et je me suis laissée tomber sans force sur une chaise.

J'avais aperçu dans l'allée la soutane du bon curé et auprès de lui un grand jeune homme cheminant la tête haute et portant à merveille ce fier uniforme des chasseurs d'Afrique qui allait si bien à ton mari, te souviens-tu? Que s'est-il passé depuis lors? Je ne le sais pas... Je serais dans l'impossibilité de te le raconter. Mais il m'aime... nous nous aimons... il vient ici tous les jours... je lui ai montré cette lettre qui renfermait les dernières volontés de mon père... et il est convenu que j'attendrai... Quoi? Tu le devines, n'est-ce pas? La veuve d'un capitaine de frégate ne peut pas épouser un sous-officier.

Il faut donc que j'attende que l'épaulette lui soit venue...

Alors il donnera sa démission et je m'appellerai Mme de Beauchêne.

Pardonne-moi toutes ces confidences, ma bonne Laure, ces folies peut-être, vas-tu dire.

Mais la vie qui m'apparaissait jadis toute noire a pris des teintes roses, et je suis heureuse... ou plutôt non, je ne le suis pas, tu vas voir.

Le colonel de mon cher Henri est un ami de notre bon curé Duval, et il n'a pas peu contribué au rapide avancement de notre protégé. Or, figure-toi qu'il a écrit au curé le lendemain du départ de M. de Beauchêne, pour lui faire pressentir une bonne nouvelle.

Quelle est-elle ? est-ce l'épaulette ?

Tu vois bien que c'est à Paul et non à toi que j'écris.

Paul ira, j'en suis sûre, ma Laure, après la réception de ma lettre, au ministère de la guerre, et, comme on n'a pas de secrets pour lui, il saura tout, n'est-ce pas ?

Vite un mot, ma bonne Laure,

A ton liséré bleu qui t'aime toujours,

MARTHE. »

— Eh bien, monsieur, dit Mme de Lassenie en regardant son mari, qui donc avait raison de vous ou de moi ?

— Tu es un ange, répondit M. de Lassenie ; mais que faut-il faire ?

— Ce que demande Marthe, donc !

— Mais... notre ami Othon.

— Ma foi, tant pis !

— Tu l'abandonnes ?

— Avec le courage de ma lâcheté, dit la jeune femme en riant.

— Mais nous partons ce soir...

— Nous ne partirons que demain, s'il le faut.

— Mais... la chasse...

— Les perdreaux auront un jour de répit, voilà tout.

— Ce que femme veut... murmura M. de Lassenie.

— Tu le veux, n'est-ce pas? dit-elle en passant son bras blanc autour du cou de M. de Lassenie.

Et celui-ci prit son chapeau et s'en alla au ministère de la guerre, où, comme disait la baronne, il avait ses grandes et ses petites entrées.

CHAPITRE X

La Roquillone, un matin, se querellait avec le bon et naïf Joseph.

Ces querelles n'étaient pas rares, surtout depuis que les deux frères étaient brouillés ; mais celle-là avait pris un caractère plus violent encore que les autres.

— Tu veux donc que ce misérable Marc déshérite nos enfants? disait-elle.

Joseph répondait :

— Mon frère a un mauvais caractère, je le sais, et depuis toutes les avanies que tu lui as faites il nous en veut beaucoup ; mais c'est un homme juste et droit, et puisque nous avons deux enfants, il ne leur fera pas tort de son bien.

— Tu verras, tu verras, disait la Roquillone en fureur, s'il ne laissera pas tout à M. Henri !

Joseph haussa les épaules et ne répondit pas.

— Ce vagabond, ce misérable, disait la Roquillone au comble de l'exaspération. Il a eu du cœur un jour, quand il est parti, mais le cœur l'a abandonné, puisque le voilà revenu. Il dit qu'il est en congé, mais tu verras bien s'il retourne en Afrique. Ah ! ben oui !

Et comme ton nigaud de frère est flatté de se promener avec lui, parce qu'il a la croix ! La terre ne touche plus à ses pieds quand il marche, ce gros lourdaud !

Joseph était un bon homme, mais il se révoltait quelquefois, à la manière du mouton enragé. Il frappa tout à coup du pied et s'écria :

— Mais enfin, que veux-tu ?

— Je veux que tu fasses ce que je dis.

— Mais quoi ?

— Que tu loues ta part de bois à M. le comte de Venelle.

Ce nom fit froncer le sourcil au bonhomme.

— Je ne connais pas ce monsieur, dit-il, quoiqu'il vienne toujours rôder par ici, qu'on ne voie plus que lui.

— Je le connais, moi.

Joseph fit de plus en plus la grimace.

Et puis, dit-il, c'est bon pour des malheureux ou des avares de louer une chasse.

— Puisque tu auras le droit de chasser.

— Mais je ne pourrai jamais emmener un ami.

— La belle affaire! puisque tu chasses toujours seul.

— Mais enfin, reprit Joseph, à quoi ça servira?

— Que ni ton frère, ni ce faignant de Henri n'y mettront les pieds à l'avenir.

Joseph eut un éclair de raison.

— Non, dit-il, je ne ferai pas cela, je ne veux pas exposer mon frère et M. Henri à se faire faire un procès.

La Roquillone, à mesure que son mari se débattait, s'était calmée peu à peu, et tout en feignant toujours une grande irritation, elle avait préparé un petit coup de théâtre, sur l'effet duquel elle comptait.

— Ainsi, dit-elle, tu ne veux pas?

— Non.

Et pour n'avoir pas à se débattre plus longtemps, Joseph sortit de la cuisine où avait lieu ce débat et gagna les champs par le jardin qui s'étendait derrière la maison.

Alors la Roquillone appela Madeleine, la nourrice de son deuxième enfant, et lui dit :

— Allons-nous-en !

Madeleine ouvrit de grands yeux.

— J'aime mieux vivre tranquille chez mon père, acheva-t-elle.

Et la Roquillone fondit en larmes.

En même temps elle prit son premier-né, un bambin de quatorze mois qui pleurait de confiance en voyant pleurer sa mère.

Puis les deux femmes sortirent comme des folles du château des Ormes et suivirent l'avenue qui conduisait au chemin de Saint-Donat.

Les domestiques qui virent leur maîtresse s'en aller en pleurant, jasèrent alors un brin.

Chacun fit sa réflexion et Jean le charretier dit en riant :

— Le patron mettra joliment les pouces ce soir !

Jean ne se trompait pas.

A midi, Joseph Noël qui s'était calmé, lui aussi, revint pour déjeuner.

La cuisine était déserte, le poêle éteint, et les domestiques se regardaient d'un air consterné.

— Où est madame? demanda Joseph d'une voix altérée.

— Elle est partie, lui répondit-on.

— Partie!

— Oui, elle est retournée chez son père et elle a emmené les enfants.

Joseph n'en entendit pas davantage; il sortit des Ormes comme un sanglier qui débauge devant les chiens et courut tout d'une haleine à Saint-Donat.

Mais il s'était écoulé trois heures, et, durant ces trois heures, la fille, le père, la nourrice, tout le monde avait répété son rôle en conscience.

La Roquillone avait repris sa chambre de jeune fille et y avait installé deux berceaux.

La nourrice cuisinait le déjeuner, quand Joseph arriva.

Roquillon avait pris une mine sévère et digne, celle d'un père qui veut protéger sa fille.

— Où est ma femme? demanda Joseph en entrant comme un boulet de canon qui traverse un mur.

Roquillon le prit par le bras, et, le regardant tristement :

— Je ne vous ai pas donné ma fille pour que vous la rendiez malheureuse.

— Malheureuse! exclama le bon Joseph, je rends votre fille malheureuse, moi!

La porte de l'escalier était ouverte.

Un sanglot qui venait de l'étage supérieur arriva aux oreilles de Joseph.

C'était la Roquillone qui avait un redoublement de douleur.

— Vous pensez bien, dit sévèrement Roquillon, que ma fille va rester ici désormais. Nous sommes pauvres... mais...

Joseph bouscula Roquillon, se précipita vers l'escalier, en monta les degrés quatre à quatre, fit voler d'un coup de pied la porte derrière laquelle la Roquillone sanglotait, et tomba à genoux devant elle en lui disant :

— Reviens, ma bonne petite femme, je ferai ce que tu voudras, savez-vous?

Mais Mme Noël le repoussa :

— Non, dit-elle. Quand je serai retournée aux Ormes, vous me refuseriez encore!

— Je te jure que non.

— Je ne vous crois pas.

Joseph se tordait les mains de désespoir.

En ce moment, car la comédie était arrangée au grand complet, un homme en habit de garde-chasse entra dans le cabaret de Roquillon.

C'était le piqueur de M. le comte de Venelle.

La Roquillone descendit, son mari la suivit et se trouva ainsi en présence du piqueur, qui lui dit :

— Mon bon monsieur Noël, vous ne voulez donc pas louer votre chasse à M. le comte?

Joseph tressaillit, il regarda sa femme qui pleurait comme une fontaine et répondit :

— Je ferai ce que vous voudrez.

— Hé! hé! dit le piqueur, mille francs par an, c'est un beau denier.

Joseph ne répondit pas. Les larmes de sa femme le bouleversaient.

— Tenez, ajouta le piqueur, j'ai l'acte d'amodiation tout prêt dans ma carnassière, voulez-vous le signer?

— Oui, soupira Joseph.

Maintenant, disons pourquoi la Roquillone tenait tant à ce que la chasse des Ormes fût louée à M. de Venelle, et quelle abominable machination avaient ourdie de concert avec elle le propriétaire de Javelle et le comte Othon son ami.

CHAPITRE XI

A peu près à la même heure, M. de Venelle et son ami Othon fumaient en présence des débris d'un plantureux déjeuner.

Mme la comtesse de Venelle, née Joublot, avait congédié tous ses cousins l'un après l'autre, qui le lendemain, qui le surlendemain de l'ouverture de la chasse, prenant bien soin de garder tout le gibier tué, en femme économe et d'origine bourgeoise qu'elle était.

Il ne restait donc plus au château que le comte Othon, au grand déplaisir de Mme de Venelle, qui lui faisait de sèches révérences le matin et lui souhaitait des bonsoirs qui pouvaient se traduire le plus malhonnêtement du monde.

Ce dont M. Venelle se moquait et son hôte encore plus.

Or donc, les deux comtes fumaient après boire, seul à seul, et devisaient comme de nobles hommes du temps jadis.

— Mon bien bon, disait le comte Othon, je ne vois pas en quoi tu vas avancer mes affaires matrimoniales par le fait seul que tu auras loué la chasse de Joseph Noël.

M. de Venelle eut un sourire à la Machiavel.

— Les petites causes, dit-il, engendrent les grands effets.

— C'est un proverbe, mais voyons-en l'application.

— Qu'est-ce que nous voulons, toi, moi et cette aimable Mme Noël ? Nous voulons nous débarrasser du petit sous-officier.

Le comte Othon fit un signe de tête.

— Mme Noël, qui veille au grain pour l'héritage de ses enfants, se dit que son beau-frère pourrait bien laisser sa fortune à maître Henri.

— Bon !

— Moi, je me dis que tant que ce jeune homme sera ici, il n'y aura rien à faire du côté de Reuil.

— Après?

— Même, ajouta M. de Venelle, quand

Mme de Lassenie s'en mêlerait et ferait exprès le voyage.

— Fort bien, mais je continue à ne pas comprendre.

— Tu as vu mon garde?

— Sans doute.

— Gobert, c'est son nom, est un ancien sous-officier d'infanterie, un ancien prévôt de régiment. Il tire la pointe et la contre-pointe à ravir, et il nous embrocherait tous les deux, tout élèves de Pons et de Grisier que nous sommes.

— Ah! ah! fit le comte Othon; quel gaillard!

— Tu sais aussi bien que moi que la cavalerie et l'infanterie ne s'adorent précisément pas. Gobert est une mauvaise tête; le verre de vin blanc qu'il boit tous les matins le rend méchant pour le reste de la journée; il est querelleur, il a la haine du cavalier, d'abord parce qu'il a été fantassin, ensuite parce qu'il n'a jamais pu tenir sur une selle un quart d'heure.

L'autre jour, il était gris, il a vu passer notre petit sous-officier et il m'a dit : « Monsieur le comte, si jamais je le rencontre dans nos bois, je lui ferai joliment son affaire. »

— Alors tu penses, dit le comte Othon, que s'il rencontre maître Henri il lui dressera procès-verbal?

— Il ne le rencontrera pas dans mes bois, mais bien dans ceux de Joseph Noël, où il croit avoir le droit de chasser, et il lui cherchera querelle, tu verras.

— Lui as-tu fait la leçon?

— Je m'en serais bien gardé.

— Pourquoi?

— Mais, parce qu'on n'est jamais mieux servi que par les gens à qui on n'a rien commandé. Il me suffira de dire que j'entends que ma nouvelle chasse soit scrupuleusement gardée.

— Mais enfin, dit le comte Othon, je ne vois pas bien, jusqu'à présent, où peut aboutir une querelle entre Gobert et le brigadier.

— Gobert l'insultera si bien qu'il le forcera à se battre.

— Ah! je comprends...

— Et Gobert te l'alignera dans un fossé où derrière un mur, de telle façon qu'il ne se relèvera plus.

Le comte Othon fronça le sourcil.

— Le moyen est violent, dit-il.

— D'accord, mais nous n'y sommes pour

rien. Il y a mieux, je fais arrêter cet imbécile de Gobert, je le malmène; si la justice s'en mêle, je le charge à outrance, tout cela à la seule fin de me mettre fort bien avec la jolie veuve qui dans six mois te chargera du soin de la consoler.

— Et la Roquillone est dans le complot?

— Oui, et on peut compter sur elle.

Comme M. de Venelle disait cela, le piqueur entra triomphant.

— C'est signé, dit-il.

Et il mit l'acte d'amodiation sous les yeux de son maître.

— Bravo! Renaud, dit le comte, au moins nous ne serons plus obligés de rompre les chiens en arrivant vers les Ormes.

— C'est pourri de renards, cet endroit-là, dit le piqueur.

— Nous y chasserons dès demain.

Le piqueur, qui se nommait Renaud et ne savait rien des ténébreux projets de son maître, sauf peut-être sa bonne intelligence avec la Roquillone, cligna de l'œil et lui dit:

— J'ai un petit mot pour vous.

— De Mme Noël?

— Oui.

Et le piqueur mit un billet écrit au crayon dans la main du comte.

Celui-ci lut :

« Mon brigand de beau-frère et M. Henri sont à la chasse. Joseph parle de les prévenir qu'il a loué. Mais mon père l'a invité à dîner, nous le ferons boire, et il rentrera gris aux Ormes. Profitez ! »

— Envoyez-moi Gobert, dit le comte au piqueur.

Mais Gobert qui savait déjà que la chasse des Ormes était louée entra en ce moment.

Il avait l'œil allumé, les pommettes rouges, et certes il n'était pas à jeun.

— Monsieur le comte, dit-il, on tiraille depuis ce matin dans votre nouvelle chasse.

— Ah ! vraiment, dit M. de Venelle avec flegme.

— Je ne pense pas que M. le comte paye six cents arpents cinquante louis pour en faire une chasse communale !

— Non, certes.

— Alors on peut verbaliser ?

— Certainement.

— Oh ! si le chasseur que je crois s'y trouve, dit Gobert en serrant les poings, il aura affaire à moi.

— Veux-tu un verre de vin, Gobert? dit M. de Venelle.

Et il lui versa un grand verre de vin de Vouvray, le cru le plus capiteux des vins blancs de la Loire.

Gobert le but et sortit en trébuchant.

M. de Venelle se pencha alors à l'oreille du comte Othon et lui dit :

— Je ne donnerais pas dix louis de la peau du brigadier la Jeunesse, comme on l'appelle. Gobert va l'embrocher comme un poulet. Tu verras..

CHAPITRE XII

Depuis huit jours, M. Henri chassait, en effet, tous les matins; mais la chasse n'était guère qu'un prétexte à rêverie pour lui, et le chasseur habile d'autrefois rentrait quelquefois la carnassière vide.

La lettre de Mme la baronne Mercier à son amie Mme de Lassenie nous a mis au courant de ce qui s'était passé au château de Reuil.

La belle veuve et le jeune homme s'étaient avoué leur amour, et ils s'étaient juré d'être un jour l'un à l'autre.

Dans ces conditions, il était tout naturel que notre ami la Jeunesse s'en allât tous les jours au château de Reuil.

Mais encore ne pouvait-il pas s'y présenter dès le matin, et était-il obligé d'attendre l'après-midi.

Il chassait donc pour tuer le temps.

Comme nous l'avons dit, les bois des Ormes étaient la seule chose que les deux bons Belges, en se brouillant, n'eussent pas séparée par un mur.

Néanmoins la part de chacun était parfaitement délimitée par un fossé ; à gauche c'était au célibataire, à droite on se trouvait chez l'époux de la belle Roquillone.

Joseph n'avait guère songé à interdire la chasse à son frère.

Mais celui-ci, qui était un homme prudent, ne franchissait jamais le fossé.

Quant à M. Henri, c'était autre chose.

Bien qu'il fût logé chez Marc, il n'était pas brouillé avec Joseph; et celui-ci lui avait même sauté au cou, le jour de son arrivée.

Or, comme pour prendre le plus court chemin des Ormes au château de Reuil, il était nécessaire de passer au travers des bois de Joseph Noël, M. Henri les traversait.

En route, il tirait un lapin par-ci par-là et quelquefois un lièvre que souvent il manquait;

car l'amour engendre la distraction et la distraction ramène les chasseurs bredouille.

Ce jour-là donc, comme la veille et les jours précédents, M. Henri traversait les bois de Joseph Noël.

Comme il était de trop bonne heure pour qu'il osât se présenter à Reuil, il avait cherché une compagnie de perdreaux rouges, était tombé dessus, grâce à Phanor, un excellent griffon appartenant à Marc Noël, et il s'en donnait à cœur joie.

Déjà la malheureuse compagnie était réduite de moitié lorsque au milieu d'une broussaille, M. Henri, un peu étonné, vit se dresser un homme en habit vert et à casquette en forme de képi.

Il avait un fusil sous le bras, une carnassière au dos et sur la poitrine une plaque de garde particulier.

De plus, cet homme avait un visage rougeaud, un œil aviné, et il s'avança vers M. Henri d'un air menaçant.

— De quel droit chassez-vous ici, méchant braconnier? dit-il.

M. Henri, de plus en plus étonné, mais gardant un sang-froid parfait, répondit :

— Je crois que vous vous trompez, mon ami.

Vous êtes sans doute tout nouveau dans le pays, et vous gardez des bois qui ne sont pas à vous.

— Tu en as menti, méchant gringalet! hurla Gobert en levant la crosse de son fusil.

Le sang monta au visage du brigadier la Jeunesse ; à son tour il s'avança vers Gobert et lui dit :

— Prenez garde! si vous êtes insolent, je vous corrigerai!...

Gobert eut un véritable hurlement de fureur.

Il prit même son fusil à deux mains pour frapper Henri avec la crosse.

Mais le jeune homme était aussi leste que robuste.

Il esquiva le coup, fit un bond, saisit au collet Gobert qui avait perdu l'équilibre, lui donna un croc-en-jambe et le jeta à terre.

Le garde en tombant laissa échapper son fusil.

M. Henri posa le pied dessus, mit ensuite le sien en bandoulière et laissant Gobert se relever ivre de rage, il lui dit avec calme :

— Maintenant, mon ami, expliquons-nous, et si vous me prouvez que je ne dois pas chasser ici, je suis prêt à me retirer.

L'étreinte et la poussée qu'il avait données

à Gobert avaient été si rudes, que celui-ci se dégrisant un peu avait compris qu'il ne serait peut-être pas le plus fort dans une lutte corps à corps.

Aussi dit-il, toujours furieux, mais se tenant prudemment à distance :

— Je vous dresse procès-verbal, et, comme vous avez maltraité un représentant de la loi, un homme assermenté, il vous en coûtera chaud, méchant drôle.

Le brigadier haussa les épaules :

— D'abord, dit-il, avant de me dresser procès-verbal, il faut me prouver que je n'ai pas le droit de chasser ici. Je suis sur les terres de M. Joseph Noël.

— C'est bien cela, dit Gobert, qui tira de sa carnassière, avec un geste de triomphe, l'acte d'amodiation. Les bois de M. Noël sont loués à M. le comte de Venelle, mon maître.

Henri tressaillit.

— Soit, dit-il, je me retire.

— Oh! pas comme ça, dit Gobert, je vais d'abord verbaliser.

— Comme il vous plaira.

— Ensuite, vous allez me rendre mon fusil.

— A la condition que vous passerez votre chemin.

Et il ôta son pied de dessus l'arme.

Gobert reprit son fusil. Quand il l'eut dans les mains, il redevint insolent.

Et se remettant à tutoyer le brigadier :

— Ah! tu t'es permis de porter la main sur Gobert, toi, dit-il.

Henri se prit à sourire. Ce sourire exaspéra le garde.

— On dit que tu es soldat, pourtant.

— Vous me connaissez donc? fit le jeune homme.

— Pardi! tu es ce méchant gringalet de chasseur d'Afrique; et si tu veux que je te dise toute ma pensée, eh bien! je me moque de tes sardines de brigadier.

Le brigadier pâlit, mais il se contint.

— Mon ami, dit-il, vous êtes ivre, et vos insultes ne pourraient m'atteindre.

— Je te flanquerai dix pouces de fer dans le ventre demain matin, méchant conscrit, poursuivit le garde, aussi vrai que je suis Gobert, du 20e de ligne, et qu'un sous-officier en vaut un autre.

— Pas quand il est devenu domestique, répondit froidement M. Henri.

Gobert, au comble de l'exaspération, leva la main pour frapper la Jeunesse en plein visage.

Mais celui-ci bondit, tomba sur lui comme la foudre, lui arracha son fusil, le prit au collet de nouveau et se mit à lui distribuer une véritable volée. Le garde essaya de se défendre, mais M. Henri était fort et agile, et il laissa le garde à demi mort.

Puis, reprenant son fusil qu'il avait jeté loin de lui, il continua son chemin tranquillement, laissant Gobert crier et jurer et faire les plus épouvantables serments.

Comme à l'ordinaire, notre héros alla passer son après-midi au château de Reuil, puis, le soir, il reprit le chemin des Ormes; mais, comme il était un peu las, il accepta une place dans la voiture du grand Jacques, le beau meunier, qui descendait à Saint-Donat.

Et comme il entrait dans le bourg, il vit un rassemblement à la porte du cabaret de Roquillon, et, sur le seuil, Gobert, de plus en plus ivre, qui criait, jurait et gesticulait.

CHAPITRE XIII

Gobert était ivre.

— Comprenez-vous, disait-il, ce clampin, ce gredin, ce conscrit, qui refuse de se battre avec moi, Gobert, du 20ᵉ de ligne ! mais il faudra bien qu'il y arrive, quand je devrais lui cracher à la figure...

Cela se passait à la porte de Roquillon, et Roquillon, qui, depuis le mariage de sa fille, était devenu un personnage considérable, opinait de la tête et du geste, et semblait être de tous points de l'avis du garde-chasse.

Or le paysan ne brille pas précisément par l'indépendance.

Il est quelque peu mouton de Panurge et se

laisse volontiers entraîner. Roquillon donnait raison à Gobert, tout le monde lui donnait raison.

Et puis, on trouvait que M. Henri, jadis si simple d'esprit, s'était joliment dégourdi au régiment, et les gars du pays avaient une petite pointe de jalousie, parce que les filles de Saint-Donat s'en étaient également aperçues et le trouvaient fort joli garçon.

Les approbations de la foule encourageaient et achevaient de surexciter Gobert.

Il aperçut le jeune homme qui descendait de la carriole du grand Jacques.

— Ah! mille tonnerres! hurla-t-il, cette fois il y aura des témoins!

Et il courut à lui, répétant :

— Lâche! poltron! menteur! conscrit!...

M. Henri s'était arrêté au milieu de l'unique rue de Saint-Donat qui est en même temps la grand'route, à dix pas du cabaret de Roquillon.

Puis, calme, les bras croisés, il attendait.

— Lâche! drôle! polisson! criait Gobert, que cependant un instinct de prudence tenait à distance respectueuse.

M. Henri ne sourcillait pas; seulement il regardait les gens attroupés et se disait que l'attroupement ne lui était pas précisément sympathique.

— Ah! tu ne veux pas te battre avec moi! répétait Gobert.

— Vous êtes ivre, répondit le brigadier la Jeunesse.

— Eh bien!... je vais te... forcer...

Et Gobert fit deux pas en chancelant, sans doute pour mettre à exécution cette menace d'ignoble injure dont il avait parlé tout à l'heure. Mais, au lieu de trouver M. Henri en face de lui, il trouva le grand Jacques, qui avait sauté lestement à bas de sa carriole.

Le grand Jacques connaissait l'histoire du matin, que le brigadier lui avait racontée en route. Il s'aperçut qu'on prenait parti pour Gobert, et il voulut rétablir l'équilibre.

Le grand Jacques justifiait son sobriquet par sa taille et ses épaules herculéennes; on le craignait, et plus d'un garçon de Saint-Donat ne s'était pas vanté d'une frottée nocturne en sortant du bal, le dimanche; enfin, l'indépendance dont il avait fait preuve en refusant la main de sa cousine la Roquillone l'avait posé très-haut dans l'estime publique.

Gobert fut un peu étonné de trouver le grand Jacques devant lui.

— Qu'est-ce que tu veux, toi ? dit-il.

— Je vais te le dire, répondit le meunier.

Et il lui posa sa large main sur l'épaule.

— Si tu veux me cracher à la figure, tu le peux, dit-il, mais je te casserai les reins, entends-tu ? Je ne suis pas soldat, moi, je ne tire pas la pointe et la contre-pointe ; mais j'assomme d'un coup de poing ceux qui m'insultent.

Et son autre main s'appuya sur l'autre épaule de Gobert, et il fit plier le garde-chasse sur ses jarrets.

Celui-ci recula tout étourdi.

— Ce n'est pas à toi que j'en veux, dit-il, c'est à ce *faignant*.

Et il montrait le poing au brigadier la Jeunesse qui n'avait rien perdu de son calme.

— Oui, répondit le grand Jacques ; mais monsieur est au-dessus de tes injures et ne se bat qu'avec ses pareils. Monsieur s'appelle M. le comte de Beauchêne, et tu n'es qu'un plat valet. Par conséquent, passe ton chemin.

En même temps, le grand Jacques donna à l'ivrogne une si vigoureuse poussée que celui-ci alla rouler jusqu'à l'intérieur du cabaret de Roquillon.

En même temps aussi, la réaction se fit dans les esprits, on se rangea à l'opinion du grand Jacques, on approuva sans restriction M. Henri qui avait supporté patiemment les insultes du garde-chasse, et, tandis que Roquillon demeurait seul le consolateur de ce dernier, encore ahuri et tout meurtri, on entoura la carriole du meunier qui disait :

— Montez donc, monsieur Henri, je vais vous conduire aux Ormes.

On cria même :

— Vive M. Henri !

Le brigadier remercia, remonta en voiture, et le grand Jacques allongea un coup de fouet à sa jument.

Quand ils furent en route, le meunier cligna de l'œil :

— Voyez-vous, monsieur Henri, dit-il, si vous voulez savoir la vraie vérité, je vais vous la dire.

— Parle, dit le jeune homme un peu surpris.

— C'est un coup monté contre vous. Gobert est un ivrogne et un imbécile dont on joue comme d'une queue de billard.

Ces mots firent tressaillir notre héros.

— Explique-toi donc, dit-il au meunier.

— La Roquillone, ma riche cousine, ne vous aime guère.

— Oh! ça, je le sais, dit M. Henri.

— C'est elle qui a fait louer la chasse à M. de Venelle, et M. de Venelle a monté la tête à Gobert.

— Mais pourquoi?...

— Dame! je ne sais pas moi... fit naïvement le grand Jacques. Tout ce que je sais, voyez-vous, c'est qu'il y a au château de Javelle un monsieur qui ne vous aime pas non plus...

Henri tressaillit de plus belle, et une grande lumière se fit tout à coup dans son cerveau.

Mme Noël avait loué sa chasse à M. de Venelle, M. de Venelle avait chez lui le comte Othon. Le comte Othon s'était vanté d'épouser tôt ou tard la belle veuve du château de Reuil.

Donc M. de Venelle avait intérêt à faire chercher querelle à M. Henri, pour débarrasser son ami Othon d'un rival.

Tout cela était clair et limpide comme de l'eau de roche.

Un sourire vint aux lèvres du jeune brigadier, et il dit au grand Jacques, comme ils atteignaient la grande avenue des Ormes :

— Tu penses bien, n'est-ce pas, que je ne me laisse pas d'ordinaire traiter de poltron et de lâche?

—Oh! ça, je le pense bien, répondit le meunier.

— Et tu penses bien aussi que je ne laisserai pas cela tomber dans l'eau?

— Ah! monsieur Henri, dit le grand Jacques d'un ton de reproche, est-ce que vous iriez vous amuser à relever ça? Gobert est un ivrogne qui...

— Ce n'est pas à Gobert que je m'en prendrai.

— A qui donc?

— A M. de Venelle, pardine! à qui j'irai faire un bout de visite demain matin.

Et le brigadier la Jeunesse sauta lestement en bas de la carriole en remerciant le meunier de ses bons offices.

CHAPITRE XIV

Le lendemain, M. de Venelle et son ami le comte Othon déjeunaient fort tranquillement, à sept heures du matin, avant de se mettre en chasse, et causaient.

— Cousin, disait le comte, non sans quelque anxiété, tu n'as pas de nouvelles de ce qui s'est passé hier?

— Je ne sais que ce que tu sais toi-même, c'est-à-dire que Gobert a surpris notre homme chassant dans mes nouveaux bois et lui a déclaré procès-verbal.

Le valet de chambre de M. de Venelle, qui entrait en ce moment, se prit à sourire.

— Monsieur le comte ne sait pas tout, dit-il.

— Tu crois?

— Oh! j'en suis sûr, et si monsieur le comte voulait me permettre...

— Parle, mon ami, parle, dit M. de Venelle avec un ton d'adorable familiarité.

Il repoussa son assiette, alluma un cigare et parut disposé à prêter à son valet de chambre une oreille aussi attentive que celle d'un confident de tragédie.

— Monsieur le comte, reprit le valet de chambre, tout en se tenant respectueusement derrière son maître, se trompe peut-être s'il croit que Gobert est un homme terrible.

— Hein? fit M. de Venelle, regardant son ami dont le visage exprimait un étonnement inquiet.

— C'est vrai que Gobert a fait un procès-verbal, mais il a insulté M. Henri.

— Ah! c'est mal, dit hypocritement M. de Venelle.

— Et M. Henri l'a rossé d'importance.

Gobert qui était ivre, poursuivit le valet, ne s'est pas vanté de ça ici; mais il y avait dans le bois des bûcheux qui ont tout vu et qui en riaient joliment ce matin.

— Est-ce tout?

— Non, monsieur le comte. Hier soir, Gobert est allé à Saint-Donat et il s'est regrisé de plus belle. M. Henri passait par là, il l'a insulté, en le provoquant à l'épée. Mais un homme du pays, Jacques le meunier, s'en est mêlé et Gobert a reçu une nouvelle tripotée. Puis il a été obligé de quitter le bourg, car tous les paysans avaient pris parti pour M. Henri.

M. de Venelle fronça le sourcil ; puis il dit sèchement :

— Gobert a eu tort d'insulter ce garçon, il devait se contenter de lui dresser procès-verbal. Mais enfin je ne veux pas, je ne puis pas tolérer que mon garçon soit battu et qu'il s'en tienne là.

— Dame ! fit naïvement le valet de chambre, il le faut bien, quand on n'est pas le plus fort.

— Gobert a été soldat, poursuivit M. de Venelle ; un soldat ne garde pas une volée à titre d'épargnes ; un coup de poing vaut un coup d'épée. S'il ne se bat pas avec ce garçon, il peut sortir de chez moi. Je lui donne vingt-quatre heures de réflexion.

Et M. de Venelle, d'un geste, congédia le valet de chambre.

Celui-ci sortit, se promettant bien de faire à l'office grand tapage des paroles de son maître, et de faire à Gobert, que personne n'aimait au château, ce que le vulgaire appelle un affront.

— Voilà qui est parfaitement net, dit alors M. de Venelle au comte Othon. Quand il se verra menacé de perdre sa place, Gobert se battra. Une fois sur le terrain, le vieux maître d'armes reparaîtra, j'en suis sûr.

— Espérons-le, dit le comte. Mais qui sait si l'autre voudra se battre...

— On peut toujours forcer un homme à se battre, surtout quand il est militaire.

M. de Venelle achevait à peine que la porte s'ouvrit de nouveau et que le valet de chambre reparut :

— Monsieur, dit-il, c'est le brigadier.

— Hein ? quel brigadier ?

— M. Henri. Il est en uniforme.

— Bon ! il vient demander raison à mon garde-chasse, dit M. de Venelle. Préviens donc Gobert.

— Monsieur le comte se trompe.

— Plaît-il ?

— Le brigadier demande à parler à monsieur le comte.

M. de Venelle tressaillit ; mais il prit un ton dédaigneux et répondit :

— Je n'ai rien à faire avec ce garçon. Dis-lui que je ne puis pas le recevoir.

— Il insiste pour voir monsieur le comte.

— Je ne veux pas le voir. Qu'il s'adresse à Gobert.

— Gobert est parti avec son fusil

— Eh bien, qu'il attende son retour.

— Mais, monsieur...

— Ah çà, maître Baptiste, dit sèchement M. de Venelle, m'avez-vous entendu? D'abord je n'ai pas fini de déjeuner... Si ce garçon tient absolument à me parler, conduis-le à la cuisine et fais-lui donner un verre de vin.

M. de Venelle n'eut pas le temps d'en dire davantage.

Deux bras robustes saisirent par la taille le valet qui se trouvait sur le seuil de la porte, l'écartèrent, et le brigadier la Jeunesse, en uniforme, la croix sur la poitrine, un képi sur la tête, entra fièrement.

— Vous vous trompez étrangement, je crois, monsieur, dit-il en regardant M. de Venelle avec hauteur.

Celui-ci s'était levé pâle et frémissant.

Le jeune homme avait ce calme effrayant qui pronostique les tempêtes.

— Monsieur, continua-t-il, avant que M. de

Venelle eût trouvé un mot de protestation contre cette quasi-violation de domicile, je m'appelle le baron Henri de Beauchêne, brigadier de chasseurs d'Afrique, chevalier de la Légion d'honneur, et je vous trouve d'une rare insolence en parlant de m'envoyer à la cuisine.

— Monsieur, exclama le comte qui était devenu livide, vous êtes chez moi !...

— Je n'ai pas l'intention d'y rester, poursuivit froidement le brigadier ; mais il faut bien aller chez les gens, quand on a une réparation à leur demander.

Ces mots furent comme une perche tendue à M. de Venelle, que l'attitude pleine de race du jeune homme avait vivement impressionné.

Et redevenant insolent et dédaigneux :

— Pardon, monsieur le baron, dit-il avec une courtoisie railleuse, je crois que vous vous trompez.

— Je ne le pense pas.

— Si quelqu'un vous a insulté, c'est... mon garde-chasse... adressez-vous à lui... Il a été sous-officier comme vous...

Henri pâlit un peu, mais il ne perdit rien de son sang-froid :

— Vous ne supposez pas, monsieur, dit-il,

qu'un homme de mon nom s'en prenne à un domestique, quand ce domestique surtout n'est que l'instrument aveugle de son maître.

— Monsieur! exclama M. de Venelle, je crois que vous m'insultez!

— Vous m'avez bien insulté tout à l'heure, vous...

Et le brigadier regarda M. de Venelle avec des yeux pleins d'éclairs.

— Sortez! sortez! s'écria M. de Venelle exaspéré.

— Tout à l'heure, dit froidement le brigadier.

En même temps, il retira un de ses gants et le jeta aux pieds du châtelain de Javelle en lui disant :

— J'imagine, monsieur le comte, que vous ne me forcerez pas à me servir de la cravache que j'ai sous le bras.

Et il sortit laissant M. de Venelle et le comte Othon stupéfaits et tellement ahuris que ni l'un ni l'autre ne put tout d'abord proférer un mot.

Les domestiques du château étaient en rumeur.

Le jeune homme passa au milieu d'eux si fier et si digne que tous le saluèrent.

Il traversa lentement la cour du château et trouva à la grille un robuste cheval de labour qu'il avait pris aux Ormes et sur lequel il avait jeté une vieille selle de chasse qui avait appartenu à son père.

Puis il détacha la lourde monture, l'enfourcha et prit au galop la route de Saint-Donat.

Branchu, le maréchal ferrant, était à sa forge.

En voyant M. Henri s'arrêter devant sa porte, il s'approcha et lui dit, en ôtant son bonnet de laine :

— Est-ce que votre cheval est déferré, monsieur ?

— Non, répondit le brigadier, mais j'ai deux mots à te dire.

Et il mit pied à terre et entra dans la forge.

Branchu ouvrit la porte de son arrière-boutique et dit :

— Venez par ici, monsieur Henri.

Le brigadier s'assit.

— Mon ami Branchu, dit-il, tu as été soldat, n'est-ce pas ?

— J'ai fait deux congés dans les dragons, un pour moi, un pour mon frère que j'ai remplacé.

— Et tu te souviens de mon père ?

— Si je m'en souviens, monsieur Henri! dit le maréchal avec une émotion subite. Ah! aussi, quand je vous ai vu revenir avec cet uniforme, et ces galons, et puis ça...

Et Branchu montrait la croix avec un sentiment d'orgueil mêlé d'une naïve convoitise.

— Je me suis dit, ajouta-t-il, la maison de Beauchêne est sauvée, elle ne périra pas!

— Eh bien, dit Henri en souriant, voici pour toi l'occasion de me prouver que tu tiens un peu à ma maison.

— Que faut-il faire, monsieur Henri? demanda vivement Branchu.

— Il n'est guère que huit heures, poursuivit le jeune homme. C'est à neuf que passent les voitures publiques qui vont à Orléans.

— Bon!

— Tu vas faire ta barbe, mettre ton habit du dimanche et te rendre à Orléans. Tu iras chez Préautier, l'armurier de la rue Royale, et tu prendras chez lui une paire d'épées de combat et une paire de pistolets.

— Bien! fit Branchu.

— Tu les rapporteras ce soir, et demain matin tu viendras me prendre aux Ormes au petit jour. Tu es mon témoin.

— Ah çà, monsieur Henri, s'écria le maréchal, vous n'allez pas, au moins, vous battre avec ce misérable Gobert.

— Non, dit le jeune homme avec un fier sourire; c'est avec son maître, M. le comte de Venelle.

— A la bonne heure! dit Branchu, ça me va, ça.

Et le brave homme éteignit le feu de la forge et se hâta de faire un bout de toilette.

Comme M. Henri sortait et allait remonter à cheval, la porte du presbytère s'ouvrit et le curé Duval sortit.

Il vint au brigadier et lui dit en souriant :

— Il y a des choses que l'Eglise blâme et que le prêtre ne peut pas approuver; mais, sous l'habit du prêtre le cœur du soldat bat toujours un peu, mon enfant, et le soldat ne peut pas te parler comme le prêtre.

J'ai tout deviné en te voyant en uniforme, entrant chez Branchu, qui est un ancien troupier.

Le prêtre ne veut rien savoir; mais le soldat va te donner un bon conseil : Si tu vas au château de Reuil aujourd'hui, tâche qu'*elle* ne soupçonne rien.

— Je vous le promets, répondit le jeune homme ému.

Et comme il mettait le pied à l'étrier, le bon prêtre ajouta :

— Deux conseils valent mieux qu'un, écoute encore celui-ci. Ces petits messieurs de Paris n'ont rien à faire, et ils deviennent très-forts en escrime, tandis que nous autres soldats, nous allons braver les balles de l'ennemi. Tâche d'avoir une bonne garde, et ne néglige pas le contre de quarte !...

Et le prêtre referma la porte brusquement pour cacher son émotion.

CHAPITRE XV

Après le départ du brigadier la Jeunesse, M. de Venelle et son ami le comte Othon s'étaient regardés silencieusement.

Ils étaient véritablement consternés.

Le temps des bretteurs est passé ; dans notre siècle positif, personne ne va de gaieté de cœur se couper la gorge, et M. de Venelle, qui ne manquait cependant pas de bravoure et qui, de plus, était de première force à l'épée, faisait une légère grimace.

Enfin le comte Othon rompit le silence par ces mots :

— Eh bien, que comptes-tu faire ?

— Me battre, parbleu !

— Avec ce soudard?

— Ce soudard m'a fait sonner très-haut son nom, et il m'a jeté son gant au visage.

— Mais c'est pour moi que tu vas te battre, cher?

— Naturellement.

— Et c'est moi qui...

M. de Venelle haussa les épaules.

— Mon bien bon, dit-il, laisse-moi te dire une chose.

— Parle.

— Si tu te battais avec lui, tout serait perdu du côté de Reuil.

— C'est juste.

— Ensuite, je ne suis pas très-inquiet. Ce bonhomme-là, qui était encore à la charrue il y a deux ans, ne doit pas savoir parer prime. Je tâcherai de le clouer contre un mur.

— Mais alors tu seras odieux à la baronne!

— Dame! comme je ne puis pas l'épouser, cela m'est fort égal.

Le comte Othon crut devoir se défendre faiblement contre la générosité chevaleresque de son ami.

Mais enfin, comme au fond il était enchanté de n'être pas directement en cause, il se laissa faire violence.

Alors M. de Venelle lui dit :

— Le gant de ce monsieur est toujours à terre, et il s'agit de le relever au plus vite.

— Faut-il que j'aille lui demander raison sur-le-champ?

— Mais non... pas toi...

— Qui donc, alors?

— Tu penses bien, continua M. de Venelle qui tenait à compléter sa pensée, tu penses bien que si tu me sers de témoin, tu seras englobé dans la haine que Mme Mercier me fera l'honneur d'avoir pour moi lorsque je lui aurai tué son paladin.

— Comment faire alors?

— Tu vas monter à cheval.

— Bon !

— Tu iras à Châteauneuf. C'est tout droit, à trois lieues d'ici. Tu demanderas la maison du vicomte de Genestières.

— Qu'est-ce que cela?

— Un type assez curieux, dit M. de Venelle : c'est un ancien officier complétement ruiné par le jeu et les plaisirs; il vit avec six cents livres de rentes que lui fait une vieille tante. Je l'invite quelquefois à venir chasser. Il boit sec, est querelleur en diable, et il va sauter sur l'occasion de me servir de témoin comme sur une bonne fortune inespérée.

— Fort bien !

— S'il est à la chasse, tu l'attendras et tu me l'enverras.

— Je te le ramènerai, veux-tu dire ?

— Non, car tu ne reviendras pas.

— Plaît-il ?

— J'aime autant que tu ailles te promener quelques jours en Sologne ou dans le Blaisois. On te portera tes bagages à Orléans demain.

— Mais pourquoi ?

— Dame ! toujours pour ne pas te compromettre vis à vis de la baronne. De mon côté, je vais écrire à M. de Lassenie une seconde lettre pour lui recommander la discrétion la plus absolue.

Le comte Othon regarda fixement son ami.

— Voyons, dit-il ; si nous jouions un peu cartes sur table ?

— Hein ? fit M. de Venelle étonné.

— Je ne doute nullement de ton amitié pour moi, mais...

— Mais tu trouves que je la pousse un peu loin.

— Dame !

— Et tu te dis : Je voudrais savoir le pourquoi de cette amitié à outrance.

— Naturellement.

M. de Venelle posa les deux coudes sur la table, son cigare à demi fumé dans une soucoupe, regarda le comte Othon en souriant et répondit :

— Je pourrais manquer de franchise et te dire que mon amitié pour toi, si grande et si désintéressée qu'elle soit, se complique encore du désir d'être agréable à Mme Noël, pour qui j'éprouve un penchant très-vif; mais je serai franc, et je préfère entrer résolûment dans la voie des aveux.

— J'écoute, dit le comte, allumant un nouveau cigare et regardant son ami.

— Je te l'ai dit, poursuivit le châtelain de Javelle, ce n'est pas précisément par amour que j'ai épousé Mlle Joublot, et je ne l'ai faite comtesse de Venelle qu'en échange de ses écus. Malheureusement, j'ai été volé.

— Comment cela ?

— Les bourgeois sont et seront toujours plus malins que nous. Le père Joublot a fait rédiger un contrat tel que ce joli squelette que j'ai converti en comtesse n'a pas lâché un sou de sa dot. Elle tient le capital dans ses doigts crochus et ne laisse échapper que le revenu, et encore sou à sou, avec une aimable parcimonie qui me donne quelquefois des envies de l'étrangler.

Tant pour l'écurie, tant pour les chasses, tant pour les domestiques, tant pour mon tailleur; une centaine de louis par mois pour ma poche, et voilà tout.

Je la coucherais en joue avec un fusil à aiguille, qu'elle ne broncherait pas.

Or, mon bon ami, quand je me suis marié, j'avais des dettes, une misère, il est vrai, quatre-vingt ou cent mille francs. Ces malheureuses dettes me poursuivent impitoyablement.

— Comment! ta femme ne te tire pas d'affaire?

— Elle s'en garderait bien.

— Diable!

— Ici, reprit M. de Venelle qui avala un verre de rhum pour réconforter un peu son éloquence, se place naturellement la combinaison que j'avais trouvée.

— Voyons! fit le comte Othon.

— Je m'étais dit : voilà à deux pas d'ici une jeune et jolie femme, archi-millionnaire et veuve. Je vais la faire épouser à mon ami

Othon, et mon ami Othon qui sera moins bête que moi et saura rédiger son contrat, me rendra ce service à l'issue de la cérémonie nuptiale, de me prêter cent mille francs jusqu'à la mort de Mme la comtesse de Venelle née Joublot qui a de si grands accès de bile, que j'espère toujours la voir mourir de rage au premier matin.

— Mais comment donc ! cher, s'écria le comte Othon ; cela va de soi.

Et dès lors, le comte n'eut plus aucun rémords de voir son ami se battre pour lui.

M. de Venelle appela alors son valet de chambre et lui dit :

— Sait-on en bas pourquoi M. Henri est venu ?

— Mais non, monsieur.

— Et toi, le sais-tu ?

— Je m'en doute un peu...

— Il faut garder ce doute pour toi.

— Monsieur le comte sait bien que je suis la discrétion même.

— Et, ajouta M. de Venelle, il faut dire que M. Henri est venu se plaindre de Gobert, voilà tout.

Le valet s'inclina.

— Maintenant, ajouta M. de Venelle, tu

vas aller aux Ormes porter cette lettre à M. Henri.

Et s'étant fait apporter du papier et de l'encre, M. de Venelle écrivit :

« Monsieur,

Nous ne sommes pas à Paris, et force nous est de sauter à pieds joints par-dessus certaines formalités.

Ce qui vient de se passer entre nous rend une rencontre inévitable et indispensable. Malheureusement je n'ai pas deux amis sous la main pour les envoyer vous demander raison.

Je n'en ai qu'un. Si je l'envoyais aux Ormes, sa présence y serait commentée de mille manières, et je crois que, pas plus que moi, vous ne tenez à ce que votre affaire fasse grand bruit.

Voici donc ce que je vous propose.

Vous vous trouverez demain à cinq heures du matin, dans la forêt, sur la route de Chambon, au *poteau du roi*, avec un témoin.

J'y serai avec le mien.

Comme je suis l'offensé, je choisis l'épée, arme pour laquelle, du reste, vous ne pouvez éprouver de répugnance, étant militaire et **gentilhomme**.

Si ces conditions et l'heure du rendez-vous ne vous convenaient pas, veuillez m'en informer par un mot.

J'ai l'honneur d'être, monsieur,
> Votre très-obéissant
>> Comte DE VENELLE. »

Le valet de chambre partit avec cette lettre, et le comte Othon, dix minutes après, montait à cheval et prenait la route de Châteauneuf.

Une heure plus tard, le valet de chambre revint avec ce mot :

« Monsieur le comte,
Tout cela me convient.
> Votre serviteur,
>> HENRI DE BEAUCHÊNE. »

M. de Venelle s'en alla à la chasse, évita toute rencontre avec Gobert, toute explication avec sa femme, et, quand il rentra, il trouva le vicomte de Genestières installé dans la salle à manger et dévorant une tranche de jambon en attendant le dîner.

Mme de Venelle, née Joublot, qui n'aimait pas les visiteurs, prétexta une forte migraine pour ne point paraître au dîner.

M. de Venelle dîna tête à tête avec son témoin, se coucha de bonne heure, et, le lendemain, au point du jour, se trouva prêt au combat.

Pendant ce temps, le comte Othon était au chemin de fer, sur la route de Blois, et se disait :

— Après tout, cette canaille de Venelle peut bien se battre pour moi... Un coup d'épée qui peut rapporter cent mille francs, peste! c'est une jolie petite affaire!...

CHAPITRE XVI

Cependant, le brigadier la Jeunesse, ses instructions données à Branchu, était retourné aux Ormes.

Le bon Marc ne savait pas un mot de ce qui s'était passé la veille.

Henri avait jugé inutile de lui en parler.

Il ignorait complétement aussi la démarche un peu matinale que ce dernier avait faite au château de Javelle.

Le jeune homme le trouva déjeunant avec de la choucroute, du lard et des oignons, de fort bon appétit, comme un bon Belge qu'il était.

Henri avait acquis au service un sang-froid parfait; il était maître de lui.

Il se mit donc à table, comme à l'ordinaire, déjeuna et annonça qu'il allait faire un tour de chasse.

Ce fut au moment où il allait partir que le valet de chambre de M. de Venelle arriva porteur de la lettre de provocation.

Heureusement, en été, Marc Noël avait coutume de faire un bout de sieste après son déjeuner, et il dormait déjà quand le valet de chambre se présenta.

Henri n'eut donc aucune explication à donner à son vieil ami, et il répondit à son adversaire.

Puis, le valet parti, il décrocha son fusil, prit sa carnassière et gagna la porte du jardin.

Mais comme il allait franchir cette porte, Louison la Tordue se trouva devant lui.

— Hé! m'sieu? dit-elle.

Depuis huit jours, les domestiques des Ormes, tant ceux de Marc Noël que ceux de son frère Joseph, avaient pris un malin plaisir à faire perdre la tête à la pauvre idiote.

On avait fini par lui persuader que M. Henri n'avait pas d'autre but que celui de l'épouser; seulement qu'il était timide et qu'il n'osait pas lui en faire la demande.

La Tordue, ce matin-là, prit donc son courage à deux mains et se campa résolûment devant le jeune homme un peu étonné.

— Qu'est-ce que tu veux, ma petite? lui dit-il.

La Tordue se mit à rire de son rire niais et lui dit :

— C'est-y vrai que vous êtes timide, monsieur?

— Timide?

Et le jeune homme, stupéfait, la regarda.

Puis il lui tapa sur la joue :

— Et pourquoi donc veux-tu que je sois timide, ma petite? dit-il.

— Puisque vous n'osez me parler.

— Mais je n'ai rien à te dire.

— Oh! fit-elle d'un air malin.

Alors le brigadier se souvint des plaisanteries dont les gens de la ferme accablaient la pauvre idiote, et comme il n'était nullement décidé à se prêter à cette mystification, il regarda la Tordue et lui dit :

— Comment! est-ce que tu penses encore à m'épouser?

— Mais, dame! fit-elle ingénument, vous êtes un assez beau monsieur pour ça.

Il partit d'un éclat de rire si franc que la Tordue rougit jusqu'au blanc des yeux.

— Allons! allons! acheva-t-il, tu diras à Jean et aux autres que ce n'est pas bien de se moquer d'une pauvre fille comme toi.

Il tira de sa poche une grosse pièce de cent sous et la lui tendit.

Mais la Tordue, qui aimait bien l'argent cependant, n'allongea point la main et ne la prit pas.

La pièce tomba par terre et M. Henri, impatienté, s'éloigna.

A de certains moments, l'esprit le plus bouché s'ouvre tout à coup, et l'intelligence la plus bornée a des lueurs soudaines.

La Tordue venait de comprendre.

Elle venait de comprendre qu'on s'était moqué d'elle, comme toujours, et que jamais elle n'avait été pour le beau brigadier autre chose qu'un objet de compassion, sinon de moquerie.

Et il se fit soudain dans cette nature épaisse et perverse une singulière réaction.

Une jalousie féroce s'empara d'elle, une haine violente lui emplit le cœur.

Des mots qui bourdonnaient souvent à son oreille et qu'elle n'avait pas compris lui revinrent en mémoire.

On avait parlé de la belle dame du château de Reuil, que M. Henri visitait souvent...

Et la lumière grandit de plus en plus dans ce cerveau obtus, et cette âme pétrie pour la haine s'éveilla...

Et celui qui, en ce moment, eût vu cet être contrefait et hideux suivre du regard le jeune homme qui s'éloignait, eût deviné qu'il rêvait quelque vengeance abominable et ténébreuse...

....

Comme à l'ordinaire, M. Henri alla au château de Reuil et y passa l'après-midi.

Depuis qu'ils étaient fiancés, la belle veuve et notre héros se voyaient chaque jour, sans contrainte, avec un abandon charmant.

Ils savaient qu'ils se marieraient et que leur union était subordonnée à une circonstance qui ne pouvait manquer d'arriver tôt ou tard, la nomination de M. Henri de Beauchêne au grade de sous-lieutenant.

Grace au sang-froid qu'il possédait, le jeune homme ne laissa rien soupçonner à la baronne, ni de la querelle qu'il avait eue le matin, ni du danger qu'il allait courir le lendemain.

Il prit congé d'elle à l'heure habituelle, fit taire son cœur qui battait un peu plus vite, maîtrisa l'émotion qui lui serrait la gorge; car, si brave qu'on soit, on ne se sépare pas de la femme aimée sans une vague inquiétude, à la veille de risquer sa vie, et il revint à St-Donat.

Branchu était de retour d'Orléans.

Il avait rapporté les épées et les pistolets.

Ces derniers étaient inutiles, maintenant que M. de Venelle avait choisi ses armes, c'est-à-dire l'épée.

Henri donna rendez-vous à Branchu, au bord de la forêt, pour le lendemain à cinq heures du matin, et revint aux Ormes.

Il s'enferma dans sa chambre et écrivit une longue lettre à la baronne.

Cette lettre ne devait parvenir à sa destination que s'il lui arrivait malheur.

Puis il se mit au lit et dormit tout d'une traite jusqu'à trois heures du matin.

A cette heure-là il n'est pas encore jour au mois de septembre.

M. Henri alluma donc sa bougie et se leva à la lumière, sans bruit, pour ne pas éveiller Marc Noël qui couchait dans la pièce voisine.

Et, bien qu'il eût deux heures devant lui, il fit sa toilette sur-le-champ, avec ce soin minutieux de l'homme d'éducation qui va se battre.

Par une naïve délicatesse, le bon Marc Noël en faisant préparer une chambre à M. Henri, lorsqu'il l'attendait, avait réuni dans cette chambre tout ce qu'il avait de meubles provenant encore des Beauchêne.

Aux murs étaient accrochés quelques portraits de famille, entre autres, celui d'un vieil oncle de M. de Beauchêne le père, en soutane violette, car cet oncle était évêque de son vivant.

M. Henri se prit à examiner ce portrait auquel jadis il n'avait jamais fait grande attention, et qui était l'œuvre d'un peintre de mérite sans doute, car ce visage de prélat était vivant.

Les lèvres souriaient, l'œil était brillant...

On eût dit que l'évêque allait ouvrir la bouche et parler du haut de son cadre.

Et comme notre héros le regardait, il lui sembla que l'œil du portrait était fixé sur un petit meuble placé dans un angle de la chambre; il eut comme un tressaillement inexplicable et il se dirigea vers ce petit meuble et l'ouvrit.

CHAPITRE XVII

C'était un de ces *bonheurs du jour* du dernier siècle, incrustés d'ivoire et de bois de rose, qui avaient fait la joie de nos aïeux, habitués jusque-là au chêne majestueux et massif.

La clef qui était dans la serrure tourna sans difficulté.

Les tiroirs du milieu étaient pleins de vieux papiers, de sacs remplis de graines, et d'une foule d'objets sans valeur entassés évidemment petit à petit par la main d'un vieillard maniaque.

M. Henri, qui se souvenait de toutes les bizarreries de l'oncle Noël, n'eut pas de peine a se remémorer que ce *bonheur du jour* se trouvait dans la chambre du vieux Belge, et que c'était là qu'il avait coutume de serrer ses papiers, ses livres de compte et son argent courant, en même temps que ses graines potagères et fourragères, car il avait la rage des semis nouveaux et des essais de toutes sortes.

Il avait essayé bien inutilement, par exemple, d'acclimater à Saint-Donat une foule de plantes tropicales et exotiques.

Donc, M. Henri, en ouvrant le bureau, fut comme envahi tout entier par les souvenirs du passé; et son enfance ignorante et naïve lui revint en mémoire.

Il s'amusa à compulser le livre de comptes sur lequel le vieux Belge inscrivait, côte à côte, une somme de douze sous payée à un fournisseur et une somme de douze mille francs versée par un fermier longtemps en retard.

Puis, après un tiroir, il en ouvrit un autre, et encore un autre.

Et, tout à coup, il eut comme une vague réminiscence que ce meuble avait un secret, un tiroir à double fond. Il était tout enfant, lorsque, un jour, il surprit le vieux Belge qui faisait jouer un ressort dans un coin de la tablette du milieu, laquelle se développa tout à coup et se sépara en deux morceaux.

Le brigadier consulta sa montre.

Il n'était pas encore quatre heures.

— Ouvrons le double fond, se dit-il.

Sa main tâtonna longtemps, mais elle finit par rencontrer un imperceptible bouton de cuivre qu'elle pressa.

Et soudain le double fond s'ouvrit.

C'était un autre tiroir de peu de profondeur, dans lequel se trouvait un papier unique.

C'était une large enveloppe cachetée à la cire sur laquelle on lisait :

Ceci est mon testament.

Mai 185...

NOEL.

M. Henri éprouva une vive émotion en trouvant ce papier.

Ainsi donc, l'oncle Noël avait fait un testament.

En faveur de qui ?

Et pourquoi n'avait-il pas indiqué ce testament à son lit de mort ?

Il est vrai qu'un peu plus d'un an avant sa mort, le bonhomme avait été frappé d'une attaque d'apoplexie, et, dès lors, était un peu tombé en enfance.

Mais comment, à cette dernière heure, d'ordinaire impitoyablement lucide, et pendant laquelle, dit-on, le mourant revoit comme en kaléidoscope gigantesque sa vie passée, comment ne s'était-il pas souvenu ?

M. Henri se posa toutes ces questions coup sur coup.

Puis il s'en posa une autre encore et ne put réprimer un indéfinissable frisson mélangé de terreur et de joie :

Si l'oncle Noël avait fait un testament, à qui donc laissait-il cette fortune qui, en l'absence de toute trace de volonté du défunt, était allée à ses héritiers naturels ?

Un sentiment chevaleresque s'empara alors du jeune homme.

— Laissons les choses comme elles sont, se dit-il.

Et il allait refermer le double fond, condamnant ainsi le testament à un silence éternel, lorsque la porte de la chambre s'ouvrit et Marc Noël entra.

M. Henri n'eut pas le temps de faire jouer le ressort, et le double-fond demeura ouvert.

— Qu'est-ce que tu fais donc là, monsieur ? demanda le bon Belge.

Il était en caleçon, avec une vieille veste de

tricot gris, un bonnet de coton sur la tête, des chaussons de lisière aux pieds, et son bougeoir à la main.

— Il y a longtemps que tu es levé, savez vous ? reprit-il.

Et il fit deux pas, et posant sa main sur l'épaule du jeune homme, il se trouva penché au-dessus du bureau.

— Tiens! tiens! fit-il, qu'est-ce que c'est que ça?

Il n'était plus temps de cacher le testament.

— Ça, balbutia M. Henri, voilà, regardez!

Marc Noël prit l'enveloppe et en lut la suscription :

— Fameux, ça, savez-vous? dit-il. Mon oncle avait fait un testament, et on ne l'a pas trouvé.

Là-dessus le naïf bonhomme eut un gros rire.

Puis, regardant M. Henri, il lui dit ingénument :

— Pourquoi donc a-t-il fait un testament, au reste, puisqu'il n'avait que nous de neveux?

— Je ne sais pas, répondit le jeune homme.

Mais Marc, s'il n'avait pas d'esprit, avait un gros bon sens, qui, pour être quelquefois en retard, se faisait jour tout à coup avec une grande impétuosité.

— Suis-je bête! dit-il. Si mon oncle a fait

un testament, c'est que ce n'est pas nous qui héritons.

— Oh! dit M. Henri.

— Et que ça pourrait bien être toi....

La pensée chevaleresque qui, tout à l'heure, avait dominé M. Henri, le reprit.

— Mon bon ami, dit-il, écoutez-moi.

— Parle.

— C'est en furetant dans ce meuble, pour tuer le temps, que j'ai ouvert ce tiroir.

— Bon!

— Sans cela, ce testament n'en serait jamais sorti.

— Eh bien?

— C'est donc l'effet du hasard.

— Je ne dis pas.

— Refermons le tiroir...

— Bon! mais... le testament?

— Ni vous ni moi n'en parlerons.

— Oh! par exemple!

— Et si vous voulez, nous allons faire mieux encore, mon bon ami.

Nous allons le brûler à la flamme de cette bougie.

Mais Marc Noël arracha le testament des mains de M. Henri.

— Tu plaisantes, je crois, savez-vous? dit-il.

Je suis un honnête homme, et je vais porter le testament au notaire, donc !

En même temps, il courut à la croisée qu'il ouvrit.

Jean le laboureur était dans la cour.

— Hé, Jean ! lui cria Marc Noël, mets donc la jument à la carriole. Je vais en route.

— Où donc que vous allez, patron ? demanda le valet de charrue.

— A Orléans, chez M. Compoint le notaire, répondit Marc.

Henri de Beauchêne demeurait stupéfait en présence de cette loyauté rustique.

CHAPITRE XVIII

Quoi que pût dire le jeune homme au bon Belge, celui-ci fut inflexible.

Il parla même si haut que les gens de la ferme qui commençaient à se lever furent au courant en un rien de temps, et le bruit se répandit qu'on venait de trouver un testament de feu M. Noël.

Un quart d'heure après, le bon Marc Noël était en carriole et s'en allait à Orléans, en compagnie de Jean le valet de ferme.

Le bonhomme, qui ne savait absolument rien de sa querelle avec M. de Venelle, partit sans se douter que dans quelques minutes M. Henri allait jouer sa vie.

Ce dernier, du reste, attendait avec impatience que la carriole eût disparu du bout de l'avenue pour se mettre lui-même en route.

Il était près de cinq heures du matin.

Lorsque la carriole roula sur la route sonore de Saint-Donat à Orléans, M. Henri sortit du château par la porte du jardin.

Le jardin, comme tout le reste, avait été divisé en deux; mais le mur élevé par les deux frères n'était qu'un mur à hauteur d'appui, de façon qu'ils pouvaient voir l'un chez l'autre.

Or, Joseph Noël était dans sa portion de jardin, alors que M. Henri traversait celle de Marc.

Henri le salua.

Joseph accourut près du mur.

Il était pâle, il suait et soufflait et paraissait en proie à une émotion subite.

— Veux-tu me parler un instant, monsieur? fit-il d'une voix pleine d'humilité.

— Bonjour, monsieur Noël, dit Henri un peu froidement.

— Tu ne veux donc pas m'écouter, monsieur? reprit Joseph avec un accent de plus en plus ému.

Henri s'arrêta.

— On vous a fait un affront hier, monsieur

Henri, et tu crois peut-être que c'est moi qui en suis cause.

— Je ne sais pas ce que vous voulez dire, répondit le jeune homme.

— Mais je le sais, moi, dit Joseph Noël, c'est Gobert, un méchant homme, le garde à M. de Venelle...

— Cet homme était dans son droit, dit froidement M. Henri, puisqu'il gardait la chasse de son maître.

— Oh! je vois que tu m'en veux, monsieur, murmura tristement le pauvre Joseph... Mais ce n'est pas ma faute, savez-vous? C'est ma femme... qui m'a enjôlé... à preuve que, comme je ne voulais pas louer ma chasse, moi, rapport à mon frère et à toi, elle est allée chez son père et ne voulait plus revenir ici... alors moi qui suis bête, tu sais...

Un sourire vint aux lèvres de M. Henri, il eut pitié du bonhomme et lui tendant la main:

— Je ne vous en veux pas monsieur, Joseph, dit-il; excusez-moi si je ne m'arrête pas, mais je suis un peu pressé.

Il gagna, en saluant Joseph de nouveau, la petite porte qui donnait sur les champs aboutissant à la forêt, laissant le bon Belge un peu soulagé.

Branchu se trouvait au rendez-vous, et il avait sous le bras une belle paire d'épées toutes neuves enveloppées dans un fourreau de serge.

Le maréchal-ferrant n'avait pas servi quinze ans pour perdre tout souvenir de son ancien métier, et bien qu'il eût coupé un beau jour ses longues moustaches, il avait conservé sous ses habits de paysan une tournure militaire.

Ce jour-là, il avait mis sa redingote du dimanche et l'avait boutonnée jusqu'au menton, ce qui lui donnait l'air passablement crâne.

— Je suis en retard, lui dit Henri, mais ce n'est pas ma faute; allongeons le pas!

— Bah! dit Branchu, nous arriverons encore les premiers.

En effet, ils étaient au rendez-vous que M. de Venelle et son témoin se montrèrent à deux ou trois cents pas, dans une allée forestière.

— Vous voyez bien, dit Branchu.

Henri s'était fait un abat-jour de sa main, et il constata que l'homme qui accompagnait M. de Venelle n'était point, comme il l'avait supposé jusque-là, son ami le comte Othon.

Branchu, qui avait l'œil plus perçant encore,

reconnut sur-le-champ le témoin de M. de Venelle.

— C'est le capitaine de Châteauneuf, dit-il.

— Quel capitaine?

— Oh! on l'appelle comme ça... fit Branchu, quoiqu'il ne soit que lieutenant... C'est un mange-tout, un pas grand'chose... M. de Genestières...

— Comme ce n'est pas à lui que j'ai affaire, dit M. Henri, la chose m'est indifférente.

Et il fit quelques pas à la rencontre de son adversaire, et tous deux se saluèrent.

M. de Venelle eut un impertinent sourire en reconnaissant Branchu.

— Mon bon ami, dit-il en se penchant à l'oreille du vicomte de Genestières, je vous demande mille pardons.

— De quoi?

— De vous encanailler ainsi. Je ne savais pas que l'honneur d'avoir des pourparlers avec mon maréchal-ferrant vous serait réservé par mon fait.

Le vicomte répondit par un sourire.

Puis, comme il connaissait Branchu, il s'avança vers lui et lui donna la main.

M. Henri et M. de Venelle demeurèrent à distance.

M. de Genestières avait reçu de son filleul des instructions précises. C'était un combat à outrance que voulait M. de Venelle, ce qui, du reste, était parfaitement indifférent au vicomte ruiné.

Aussi dit-il à Branchu :

— Vous savez que c'est très-sérieux.

— Ce sera aussi sérieux que vous voudrez, répondit l'ancien soldat. Allez, M. Henri est solide ; je ne suis pas inquiet.

— Alors, dit encore le vicomte, nous n'avons je crois qu'une chose à faire : tirer au sort les épées.

— Allez, dit Branchu.

Le vicomte jeta en l'air une pièce de cent sous qu'il avait empruntée à M. de Venelle pour la circonstance.

— Pile ! dit Branchu.

— Face ! répondit M. de Genestières. M. de Venelle se servira de ses épées.

— Voilà qui nous est joliment égal, dit crânement le maréchal.

Pendant ce temps, M. de Venelle et Henri de Beauchêne avaient mis habit bas chacun de leur côté.

Branchu apporta l'épée à son filleul et lui dit :

— Il ne faut pas vous presser d'attaquer,

monsieur Henri; c'est toujours ce que nous disait le prévôt au régiment.

Et les deux adversaires tombèrent en garde et engagèrent le fer.

CHAPITRE XIX

M. de Venelle était, au jeu de l'épée, d'une supériorité incontestable, et il en sera presque toujours ainsi. Les militaires qui n'ont pas le temps de passer leur journée dans les salles d'armes trouveront toujours des bourgeois plus forts qu'eux.

Branchu, à la troisième passe, commença à froncer le sourcil.

M. Henri se défendait avec vaillance, mais M. de Venelle lui donnait fort à faire, et il était probable que, lorsqu'il voudrait passer de la défensive à l'offensive, il ferait quelque faute qui lui serait funeste.

Mais le jeune homme avait beaucoup de

sang-froid, une grande souplesse de mains et de jarrets, et, pendant quelques secondes, tous les coups de M. de Venelle furent parés.

Celui-ci s'étonnait de cette insistance et perdait quelque peu de son calme.

Il attaqua son adversaire avec plus de vivacité, p'us de précision, et le toucha deux fois coup sur coup.

Blessures légères, il est vrai, l'une au bras, l'autre à l'épaule, et qui n'eurent d'autre conséquence que d'arracher un juron énergique à Branchu.

Le maréchal se disait avec colère :

— Est-ce que ça va durer longtemps? est-ce que M. Henri ne va pas m'embrocher ce bourgeois?

Tout à coup, une ombre passa au travers des arbres, et Branchu tressaillit.

C'était une femme qui paraissait vouloir assister de près à ce spectacle assez inusité aux champs. C'était la mère Miracle.

La mère Miracle s'approcha lentement et ne s'arrêta qu'à une dizaine de pas des combattants.

Là elle s'assit au pied d'un arbre et demeura immobile.

Branchu seul l'avait vue tout d'abord; mais

M. de Genestières l'aperçut à son tour, et il eut un geste de colère.

Mais la mère Miracle ne bougea pas, elle se contenta de regarder le combat, comme si elle eût été un des témoins.

Cependant M. Henri se défendait avec une grande énergie, et deux fois aussi son épée avait effleuré M. de Venelle, furieux de voir son jeu savant se heurter contre la franchise naïve de cette bravoure sans égale.

Cependant il profita d'un moment où son adversaire se découvrait pour allonger le bras.

M. Henri fut touché et un cri lui échappa. Mais il resta debout, l'épée à la main, et continua à se battre avec acharnement.

— Monsieur, disait Branchu à M. de Genestières, il faut donc absolument que l'un des deux y reste?

— Oui, répondit le vicomte ruiné, qui s'apercevait que M. Henri se fatiguait et prévoyait l'instant prochain où il recevrait le coup de grâce.

M. de Venelle se battait, du reste, avec un grand courage, digne d'une meilleure cause, et c'était avec conscience qu'il essayait de gagner les cent mille francs à prendre sur la dot de la future comtesse Othon.

Mais tout à coup il tressaillit brusquement.

Un regard pesait sur lui, à dix pas de distance.

Ce regard le suivait dans tous ses mouvements, suivait son épée, sa main.

Ce regard, qu'il n'osait croiser avec le sien, car il est besoin, l'épée à la main, d'avoir l'œil dans l'œil, pesait sur M. de Venelle, et exerçait sur lui une espèce de fascination.

Néanmoins il continua à presser son adversaire de plus en plus; et comme si ce regard l'eût importuné à un haut degré, il voulut en finir et se fendit.

Henri de Beauchêne se jeta brusquement de côté, revint à la parade, puis à la riposte, et son épée disparut tout entière dans la poitrine de M. de Venelle.

Celui-ci tomba.

Il tomba comme une masse, d'un seul bloc, en murmurant :

— Oh! ce regard!

Puis un flot de sang lui sortit par la bouche, et M. de Genestières épouvanté s'écria :

— Mais il va mourir!

Henri de Beauchêne était toujours debout, mais pâle, chancelant et couvert de sang.

Trois fois l'épée de son adversaire avait touché sa poitrine.

Branchu courut à lui en voyant tomber M. de Venelle.

Il était temps... Henri chancelait.

Il le soutint dans ses bras. Celui-ci lui dit :

— Je crois bien que j'ai mon compte, moi aussi.

Et aidé de Branchu, il s'assit sur l'herbe ensanglantée, il s'adossa à un arbre, tandis que M. de Genestières s'empressait auprès de M. de Venelle. Celui-ci vomissait le sang à flots, et ses yeux vitreux annonçaient qu'il allait mourir.

Ce fut alors que la mère Miracle s'approcha.

— Vieille coquine ! s'écria M. de Genestières, que voulez-vous donc ?

Elle le regarda froidement, comme elle avait regardé M. de Venelle tandis qu'il se battait.

— Vous devriez me reconnaître, dit-elle, je m'appelle la mère Miracle.

En même temps elle se pencha sur M. de Venelle et l'examina.

La blessure s'ouvrait béante au-dessous du sein droit.

La mère Miracle hocha la tête :

— Je crois bien, dit elle, qu'il n'aura pas le temps de revoir son château.

Et elle s'approcha de Henri.

Celui-ci était prêt à s'évanouir.

La mère Miracle déchira son mouchoir en mille pièces, en fit de la charpie, arrêta le sang qui coulait en abondance et dit à Branchu consterné :

— Rassure-toi, il n'en mourra pas.

Et tandis qu'elle continuait à donner ses soins au blessé, Branchu se jeta au travers du bois, appelant au secours.

Des bûcheux qui se rendaient à leurs travaux, dans une coupe voisine, accoururent.

Ils étaient bien sept ou huit et se divisèrent en deux escouades, qui construisirent chacune un brancard à la hâte.

Sur l'un on plaça M. de Venelle agonisant.

Sur l'autre, M. Henri, grièvement blessé, mais conservant toute sa présence d'esprit.

Au moment du départ, Branchu s'approcha de M. de Genestières et lui dit :

— Vous reconnaitrez, monsieur, que tout s'est passé loyalement.

— Je ne dis pas le contraire, répondit brutalement le vicomte, qui se demandait avec terreur comment il allait être reçu au château de Javelle, quand on le verrait arriver avec M. de Venelle mourant et peut-être mort.

La mère Miracle suivait le brancard sur lequel on transportait M. Henri de Beauchêne aux Ormes, et pendant le trajet, elle murmurait :

— Je ne voulais pas sa mort en le regardant ainsi, mais je voulais sauver M. Henri.

On le voit, de même que M. de Venelle était tombé en se plaignant de ce regard importun, la mère Miracle était persuadée que c'était à l'influence de ce regard doué tout à coup d'une puissance fatale que le brigadier la Jeunesse devait en partie son salut.

CHAPITRE XX

Tandis que ce combat sauvage avait lieu entre M. de Venelle et le brigadier la Jeunesse, une scène toute différente, mais non moins dramatique peut-être, se déroulait aux Ormes, dans la partie du château échue en partage à Joseph Noël. A six heures du matin, on avait vu paraître maître Roquillon.

C'était un singulier bonhomme que ce cabaretier ambitieux qui avait fait quasiment une dame de sa fille.

En dépit des instances de cette dernière, qui se trouvait maintenant assez riche pour que son père vécût de ses rentes, il n'avait pas voulu fermer son cabaret, disant que c'était sa vie, et que lorsqu'il n'aurait plus rien à faire, il mourrait de chagrin en six mois.

Il avait même un malin plaisir à dire en parlant de Joseph Noël : « Mon imbécile de gendre; » et quand il n'avait rien de mieux à faire, il allait jusqu'aux Ormes, les mains derrière le dos, admonestait en passant les valets de charrue, critiquait la culture, haussait les épaules en traversant les vignes, et disait d'un ton suffisant : Oh! si ça me regardait!

Joseph, qui avait l'habitude de trembler devant sa femme, avait fini par trembler devant Roquillon.

Aussi, ce matin-là, déjà bouleversé de tous les événements de la veille et de la façon assez froide dont M. Henri avait accueilli ses excuses, le Belge craintif sentit-il un frisson parcourir ses veines lorsqu'il vit Roquillon pénétrer tout à coup dans la cour des Ormes.

Pour que le cabaretier arrivât si matin, il fallait quelque événement extraordinaire.

D'ailleurs Roquillon avait un air agité.

— Tiens, dit Noël d'une voix timide, vous voilà... beau-père...

— Où est ma fille? demanda sèchement Roquillon.

— Mais, beau-père, vous savez bien que votre

fille est une belle dame et qu'elle ne se lève jamais du matin.

— Elle se lèvera; faut que je lui parle...

— Ah!

— Et à vous aussi...

L'accent de Roquillon avait quelque chose de bref, de cassant, de sourdement ironique qui ne présageait rien de bon.

Le bon Belge sentit ses jambes flageoler un peu dans l'escalier que Roquillon gravissait avec une agilité fiévreuse.

— Puisque vous ne savez rien de vos affaires, dit-il, je suis bien forcé, moi, de vous tenir au courant. Et, en parlant ainsi, il ouvrit brusquement la porte de la chambre à coucher de Mme Noël.

La Roquillone était au lit, en effet, mais elle ne dormait pas.

— Le feu est donc à la maison! dit-elle en voyant son mari et son père pénétrer ainsi brusquement chez elle.

— Si ce n'était que le feu, ce ne serait rien... dit Roquillon; il y a des pompiers...

— Mais de quoi s'agit-il donc? s'écria Joseph Noël épouvanté.

La Roquillone fronça le sourcil, regarda son père et lui dit :

— Dépêche-toi donc, père, tu vois bien que M. Noël est sur le point de se trouver mal.

Roquillon ferma la porte et baissa la voix.

— Marc, dit-il, ce brigand, vient de traverser le bourg.

— Eh bien?

— Il allait à Orléans.

— Qu'est-ce que cela me fait? demanda le naïf Joseph Noël.

— Déposer chez le notaire un testament, ajouta le cabaretier.

— Le misérable! s'écria Joseph, il déshérite mes enfants, sans doute.

— Attendez donc, fit Roquillon. Ce testament qu'il va déposer n'est pas le sien.

— De qui est-il alors?

— C'est le testament de votre oncle, le monsieur des Ormes, comme on l'appelait.

— Mon oncle! exclama Joseph. Il avait fait un testament!

— Mais non, dit Mme Noël, puisqu'on n'en a pas trouvé à sa mort.

— Eh bien, M. Henri et lui l'ont trouvé ce matin même.

— Où ça?

— Dans un vieux meuble.

— Et pourquoi donc mon oncle a-t-il fait un testament?

— Pour vous déshériter donc, ricana Roquillon.

— Au profit de qui?

— Au profit de M. Henri, sans doute.

La Roquillone tressaillit et un fauve éclair s'échappa de ses yeux.

— Et Marc, dit-elle avec ironie, va déposer le testament?

— Oui.

— Et si ce testament le déshérite...

— C'est un si honnête homme! dit le cabaretier avec un accent d'ironie.

Joseph Noël était atterré.

— Eh bien! dit Roquillon, c'est tout ce que vous dites?

— Damè!... que voulez-vous....

Roquillon lui frappa sur l'épaule.

— Mon gendre, dit-il, je ne voulais pas vous donner ma fille, parce que vous m'avez toujours fait l'effet d'un imbécile.

Le bon Belge rougit jusqu'aux oreilles. Roquillon continua :

— Vous croyez donc à ce testament, vous?

— Puisque vous me le dites.

Roquillon haussa les épaules ;

— Il est bien vrai, dit-il, que ce brigand de Marc porte un testament à Orléans.

— Eh bien?

— Mais il est possible aussi que ce testament soit faux.

— Hein? fit Joseph Noël.

— A preuve, continua Roquillon, que vous êtes brouillé avec Marc, que votre frère vous fait mille misères et qu'il peut s'être entendu avec M. Henri pour fabriquer ce testament.

— Oh! dit Joseph Noël, je ne crois pas à ça, moi.

— Il faut y croire, pourtant, dit Roquillon.

— Pourquoi donc ça?

— Et rédiger aujourd'hui même une plainte à M. le procureur impérial, poursuivit Roquillon avec fermeté. C'est le seul moyen de jeter des doutes sur la validité du testament.

Mais Joseph Noël s'indigna :

— Mon frère est un honnête homme, dit-il, et jamais je ne ferai cela.

— Alors, dit froidement Roquillon, vous ferez bien de chercher une besace et un bâton pour aller mendier pour nourrir votre femme et vos enfants.

Joseph tressaillit et baissa la tête.

— Allons donc! fit Mme Noël en le courbant

sous son regard, il fera ce que nous voudrons! est-ce qu'il a une volonté, cet être-là?

En ce moment, il se fit une grande rumeur sous les fenêtres de la chambre.

— Qu'est-ce encore que ça? fit Joseph qui cherchait à se donner une contenance, en présence de son terrible beau-père et de son tyran femelle.

Et il ouvrit une des fenêtres et se pencha au dehors.

Mais, soudain, il se rejeta brusquement en arrière et s'écria :

— Seigneur mon Dieu! quel malheur, savez-vous?

La Roquillone avait bondi près de la fenêtre et regardait à son tour.

Elle vit des bûcherons qui portaient une civière et, sur cette civière, M. Henri tout sanglant.

— Eh bien, dit-elle en regardant son père avec cynisme, je crois décidément que la chance est pour nous!

CHAPITRE XXI

Mme *de Lassenie à la baronne Mercier.*

Mon liséré chéri,

J'ai mis quelques jours à te répondre, mais tu vas voir que c'était pour t'annoncer une bonne nouvelle et une nouvelle positive.

Le jour où ta lettre nous est arrivée, nous allions partir, Paul et moi, pour notre terre de Touraine.

Nous sommes restés à Paris et Paul a couru au ministère de la guerre.

Là on lui a répondu : Il se fait tout un travail de promotions, et rien n'est encore décidé. Il faut attendre quelques jours.

Paul, qui tenait beaucoup à son ouverture de chasse, voulait partir le soir même, me promettant de revenir vers la fin de la semaine.

Mais j'ai eu la dureté d'un roc. Il n'est pas parti.

Le lendemain, il est retourné au ministère, rien encore.

Puis les jours suivants, toujours rien !

Enfin tout à l'heure, il y a dix minutes, il entre tout essoufflé et me dit :

« Les décrets sont à la signature de l'Empereur; ils seront au *Moniteur* demain :

« M. Henri de Beauchêne, maréchal des logis au 2ᵉ chasseurs d'Afrique, est nommé sous-lieutenant au 5ᵉ régiment de hussards, actuellement en garnison à Paris. »

Ne t'évanouis pas, ma chérie, et songe que mourir de joie est la pire des maladresses.

Tu reviens donc à Paris, n'est-ce pas ?

Tu laisses ton futur prendre possession de son grade; vous vous cherchez un petit nid d'amoureux quelque part aux environs du quai d'Orsay ou au commencement des Champs-Elysées, et vous vous épousez.

Paul prétend que tu aurais mille fois tort de faire donner sa démission à M. de Beauchêne. D'abord, il a trois années à passer à Paris. Dans trois ans, on verra.

Maintenant, chère belle, que voilà ton mariage arrêté, laisse-moi te dire que tu l'as échappé belle.

Sans l'amour pur qui brûlait dans ton cœur pour ce bel Henri que je ne connais pas, mais que je me figure un paladin de roman, tu étais incendiée toute vive par les œillades du comte Othon, qui me demandait une lettre d'introduction auprès de toi.

Qu'est-ce que le comte Othon ? me diras-tu.

C'est l'hôte et l'ami de M. de Venelle.

Qu'est-ce que M. de Venelle ?

C'est un pauvre diable qui était tout à fait ruiné et endetté à user les murs de Clichy et à leur survivre, lorsqu'il a trouvé une grande fille sèche, bête et rougeaude, qui s'appelait Joublot, et lui a acheté son titre de comtesse huit ou neuf cent mille francs.

Ledit Venelle est ton voisin de campagne, et lui et son ami le comte Othon t'avaient couchée en joue, un peu pour tes millions et beaucoup pour ta beauté, du moins on le suppose pour l'honneur de ce que nous sommes convenues, nous autres femmes, d'appeler le sexe fort.

Maintenant, un dernier mot encore, ma bonne Marthe.

Nous partons ce soir pour Tours.

Demain nous serons dans notre château. Dans huit jours nous serons installés.

D'ici à huit jours, bien certainement, M. de Beauchêne aura reçu sa nomination.

Tu vas voir où j'en veux venir.

Il y a deux ans, tu nous a refusé de venir passer un mois avec nous.

Aujourd'hui tu n'as plus de pretexte, d'autant mieux que nous inviterons ton fiancé, et que vous aurez un grand mois à vous faire la cour tout à votre aise.

Est-ce convenu? Dis.

Ton liséré rouge,

LAURE.

La belle châtelaine de Reuil avait reçu cette lettre à neuf heures du matin ; une folle joie s'était emparée d'elle, et elle avait failli la mettre sous enveloppe et l'envoyer tout de suite aux Ormes.

Mais la lettre de Mme de Lassenie était pleine de ces mille petits riens que les femmes échangent entre elles et dans lesquels les hommes n'ont rien à voir.

Et puis, évidemment, M. Henri de Beauchêne était à la chasse. On ne le trouverait pas aux Ormes, mieux valait l'attendre. Ne venait-il pas tous les jours!

Enfin, la jeune femme mit un frein à son impatience durant les premières heures de la matinée.

Mais après son déjeuner cette impatience la reprit, et elle se dit :

— Je vais monter à cheval et j'irai à sa rencontre, il prend toujours le même chemin.

On lui amena sa ponette blanche, et lui rendant la main, elle se remit à lire cette chère lettre reçue le matin et qui avançait son bonheur de plusieurs mois, peut-être de plusieurs années.

La ponette galopait dans ces faux chemins de forêt qu'elle connaissait si bien, lorsque tout à coup elle s'arrêta net, les quatre pieds en terre, les oreilles pointées et donnant des marques d'effroi.

Ce brusque arrêt tira Mme Mercier de sa rêverie.

Elle s'aperçut alors qu'elle se trouvait en un carrefour qui se nommait le Poteau du roi.

Ce qui faisait l'objet de l'effroi de sa jument,

c'était une flaque rouge qui luisait au soleil, une flaque de sang !

La baronne jeta un cri.

A ce cri un bûcheux qui travaillait tout près de là accourut et dit :

— C'est là qu'ils se sont battus ce matin, madame.

La baronne eut un épouvantable serrement de cœur.

— M. de Venelle et M. Henri, ajouta naïvement le bûcheux.

Elle jeta un nouveau cri.

— Je crois bien que M. de Venelle est mort à cette heure...

— Et lui ! lui ! s'écria-t-elle affolée, et comme si cet homme grossier, ce bûcheron avait été le confident de sa vie.

— Qui ça, M. Henri ?

— Oui !

— Dame ! il n'est pas mort... mais il n'en vaut peut-être guère mieux.

La baronne se laissa glisser de sa selle sur le gazon, où elle tomba sans connaissance auprès de cette flaque de sang.

CHAPITRE XXII

Il est des événements qu'on ne saurait mettre en scène et qu'il vaut mieux analyser.

Huit jours s'étaient écoulés.

Que s'était-il passé durant ces huit jours?

D'abord M. de Venelle était mort quelques heures après son duel.

Notre héros, le brigadier la Jeunesse, après avoir été entre la vie et le trépas pendant quarante-huit heures, s'était trouvé hors de danger.

Le premier pansement avait été fait par le bon curé Duval, qu'on n'avait pas eu besoin de prévenir; car le saint homme, le jour du duel, était sur pied dès quatre heures du matin et, tout en lisant son bréviaire, n'avait pas perdu de vue les tourelles des Ormes, prêt qu'il était à accourir en cas qu'on eût besoin du prêtre ou du chirurgien.

La blessure de M. Henri était une de celles qui, lorsqu'elles ne sont pas mortelles, se cicatrisent rapidement.

Le curé Duval l'avait reconnu tout de suite en la sondant.

— Madame, avait-il dit à la baronne Mercier accourue aux Ormes, avec l'aide du bûcheux qui lui avait donné les premiers soins, nous avons trois ou quatre mauvais jours à passer.

— Et après? avait-elle demandé avec anxiété.

— Après? Non-seulement je réponds de lui, mais encore je puis vous affirmer qu'il sera sur pied avant un mois.

Veuve de marin, fiancée à un soldat, la baronne était une de ces femmes héroïques qui savent, aux heures solennelles, fouler aux pieds certaines convenances sociales étroites, certains préjugés rigoristes.

Au lieu de retourner chez elle, elle était demeurée aux Ormes, s'installant résolûment au chevet du blessé.

Le bon Marc Noël, revenu d'Orléans le soir, s'était mis à pleurer comme un enfant.

La baronne avait été obligée de consoler le pauvre vieux brave homme et de lui donner du courage.

Les Joseph n'avaient point paru.

Le Belge, emporté par un premier élan de cœur, voyant M. Henri passer sous ses fenêtres, sur une civière, avait voulu s'élancer vers lui.

Mais la Roquillone l'avait retenu, disant :

— Vraiment ! on n'est pas bête comme vous... Voilà pourtant que vous avez la larme à l'œil pour un misérable qui a dans son idée de mettre vos enfants sur la paille !

Et Joseph Noël était demeuré chez lui.

Le soir on avait appris la mort de M. de Venelle.

La Roquillone alors était tombée en pamoison, et pendant deux jours on l'avait crue folle.

Puis la raison lui était revenue, et avec elle un ardent désir de vengeance.

Ce n'était plus une femme, c'était une furie.

Dès lors, que s'était-il passé entre elle, son père et son mari?

Nul ne le savait au juste.

Mais ce que chacun pouvait dire à Saint-

Donat, c'est que Roquillon et son gendre s'en étaient allés en route presque tous les jours, tantôt à Châteauneuf, tantôt à Orléans et même à Lorris, où ils étaient allés consulter Mᵉ Loiseau, le terrible huissier de M. Jouval.

Ce dernier même avait fait partie, disait-on, de mystérieux conciliabules.

Enfin, le huitième jour, l'abbé Duval qui était venu régulièrement soir et matin, et avait même passé une nuit au chevet du blessé, l'abbé Duval, disons-nous, dit à la baronne :

— Madame, notre ami est hors de tout danger, et il peut supporter toute émotion. Je suis même persuadé qu'une bonne nouvelle hâterait singulièrement sa convalescence.

La jeune femme ne put se défendre d'une légère émotion, et son front se colora.

— Il est vrai, dit-elle, que nous lui avons caché sa nomination jusqu'à présent.

— On peut maintenant la lui apprendre... et puis...

Le prêtre s'arrêta en souriant, et la baronne couvrit son front de ses deux mains.

— Venez, madame, dit le prêtre, j'ai trouvé le moyen de tout concilier, et votre dignité et votre amour.

Ils avaient échangé ces quelques mots dans une pièce voisine de la chambre du blessé.

Quand ils entrèrent, le jeune homme fit un effort, encore douloureux, et se mit sur son séant.

Il regardait le prêtre et la jeune femme avec le sourire de l'homme qui voit le ciel s'entr'ouvrir.

— Mon ami, dit l'abbé Duval, vous n'êtes réellement plus assez malade pour que l'on ne vous quitte ni jour ni nuit.

Il pâlit un peu, et son œil exprima une vive inquiétude.

— Madame la baronne, poursuivit le prêtre, a besoin de rentrer chez elle.

— C'est juste, dit le jeune homme en baissant les yeux.

— D'abord, pour voir son enfant.... ensuite....

L'abbé Duval s'arrêta.

La baronne, confuse, tenait les yeux baissés.

Henri regardait le prêtre avec une inquiétude croissante.

— Ensuite, acheva l'abbé Duval, pour y recevoir une visite.

Les deux amants tressaillirent et se regardèrent.

Le prêtre ajouta, s'adressant à la baronne :

— Car j'ai une visite solennelle à vous faire, madame, chez vous, dans votre maison....

— Monsieur le curé... fit Henri.

— Mon ami... dit la baronne.

— Il faut que j'aille vous supplier, madame, de faire à M. le baron Henri de Beauchêne, sous-lieutenant au 5e régiment de hussards, qui vous aime... et que... vous aimez... l'honneur de lui accorder votre main.

Henri jeta un cri.

La baronne rougissante se pencha sur lui et lui tendant cette main qu'on lui demandait :

— Prenez-la dans la vôtre, Henri, dit-elle, il y a longtemps qu'elle est à vous...

En ce moment la Tordue entrait, apportant une potion sur un plateau, et si les deux amoureux et le bon prêtre eussent pu voir alors le regard chargé de haine que leur jeta l'horrible fille, ils eussent involontairement frémi.

CHAPITRE XXIII

Le soir de ce jour, on causait à la cuisine du château des Ormes, chez le bon Marc Noël.

C'étaient toujours les mêmes domestiques qui se moquaient éternellement de la Tordue.

— Eh! Louison, disait l'un, je crois bien que lorsque M. Henri sera sur pied, il ne pensera plus à toi.

— Je crois bien aussi, reprenait un autre, que c'est la dame du château de Reuil qui t'a fait du tort.

— Peuh! fit Jean le charretier, toujours farceur, ça dépend des goûts; mais elle n'est déjà pas si belle, la dame du château de Reuil.

— Et moi, dit un quatrième, je trouverais Louison joliment plus à mon goût.

— Pauvre petite, dit Jeanneton, la vachère, vous lui faites tourner la tête, vous autres!

— Mais non, dit Jean; moi, c'est mon idée que M. Henri s'amuse comme ça pour faire enrager Louison, mais que c'est elle qu'il aime...

Et tout le monde partit d'un grand éclat de rire.

La Tordue, muette, le cou de travers, les lèvres serrées, les yeux sinistres, écoutait tout cela et ne répondait pas.

Seulement on devinait à cette attitude, que dans ce corps grêle, chétif et contrefait, il y avait une âme puissante pour la haine.

Si elle eût pu avec son regard détacher le plafond et le faire s'écrouler sur tous ces gens qui se moquaient d'elle, elle l'eût fait, sans se préoccuper d'être écrasée elle-même.

Tous les gens sans éducation manquent de mesure. Ce soir-là, on s'en donna à cœur joie sur la Tordue, et il ne fallut rien moins que l'arrivée d'un nouveau personnage pour arrêter un moment cette averse de plaisanteries grossières et d'ignobles quolibets.

Ce nouveau personnage était un des fermiers de Marc Noël; il se nommait le père Mathieu et tenait à bail une locature dépendant des Ormes, à la lisière de la forêt.

Le père Mathieu était un homme de soixante ans, beau parleur et bel esprit, qui s'en revenait d'Orléans où il était allé vendre du grain et qui, peu pressé de rentrer chez lui et de retrouver sa femme, une fermière acariâtre, entrait un brin dans la cuisine du château, à seule fin de boire un coup et de jaser un peu.

— Eh! père Mathieu, dit Jean, qu'est-ce qu'il y a de nouveau à Orléans?

— Rien du tout, mon garçon, dit le meunier.

Ah! mais si... tiens! suis-je bête, j'ai oublié la chose...

— Quoi donc?

— On a jugé Nicolas, le cantonnier solognot.

— Ah! on l'a jugé?

— Oui, je suis même entré dans la cour du tribunal. Il y avait un monde, mes enfants...

— A quoi donc qu'il est condamné?

— A mort donc! s'écria Jeanneton la vachère.

— Mais non, dit le père Mathieu, on ne lui coupera pas le cou.

— C'est-y Dieu possible!

— C'est comme ça.

— On ne peut pourtant pas lui avoir fait des rentes pour le joli coup qu'il a fait!

— Non, mais il ira aux galères.

— Pour longtemps ? demanda le dindonnier qui était un naïf.

— Pour toujours, mon garçon.

— Mais qu'est-ce qu'il avait donc fait ?

Cette question fut posée par un bouvier qui n'était pas du pays et qui n'était aux Ormes que depuis très-peu de temps.

— Il avait tué sa femme.

— Comment donc ça ? à coups de hache...

— Non, il l'a empoisonnée.

La Tordue, qui commençait à respirer depuis qu'on ne s'occupait plus d'elle, tourna alors la tête vers le père Mathieu, et son œil sournois sembla demander l'explication de ce mot qu'elle ne comprenait pas.

— Et comment l'a-t-il empoisonnée ? demanda encore le nouveau venu aux Ormes.

— Oh ! répondit le père Mathieu, il n'a pas été malin, allez !

— Comment a-t-il fait ?

— Vous comprenez bien, poursuivit le meunier, qu'on ne se procure pas du poison comme on veut. Les pharmaciens n'en vendent pas, surtout dans les villages ; il faut que le médecin passe par là avec son ordonnance.

— Qu'est-ce qu'il a donc fait, le cantonnier ?

— Il avait lu sur le journal qu'une petite fille avait trouvé un paquet d'allumettes.

— Bon !

— Qu'elle s'était amusée à les mettre dans sa bouche et qu'elle avait eu des coliques pendant deux ou trois heures, au bout desquelles elle était morte.

— Tiens ! dit le naïf dindonnier, c'est donc mauvais les allumettes ?

Le père Mathieu, qui était un paysan éclairé, ne daigna pas répondre au dindonnier, mais il poursuivit :

— Alors le cantonnier ne fit ni une ni deux ; il prit une livre d'allumettes, en détacha le phosphore et le jeta dans la soupe de sa femme.

Ce n'était pas malin, comme vous voyez.

— Et la femme en est morte !

— Dans la nuit.

La Tordue s'était prise à écouter avec une sombre attention.

Neuf heures sonnèrent en ce moment à l'horloge grossière qui se trouvait dans un coin de la cuisine.

— Louison, dit une des servantes, tu ne vas peut-être pas oublier ton amoureux ce soir ?

La Tordue tressaillit.

— La tisane que M. le curé a ordonnée est prête. Monte donc ça à M. Henri.

En même temps, elle se dirigea vers le fourneau sur lequel était un vase en terre rempli de tisane.

Puis elle prit une assiette et un bol, remplit le bol et le donna à la Tordue.

Celle-ci prit l'assiette d'une main, un flambeau de l'autre et sortit.

Mais elle monta l'escalier plus lentement qu'à l'ordinaire.

Et l'œil fixé sur le bol de tisane, elle se disait :

— Si je mettais dedans des raclures d'allumettes, M. Henri mourrait et, comme ça, il n'épouserait pas la belle dame du château.

Heureusement que la Tordue n'avait pas d'allumettes sous la main, et ce soir-là la tisane arriva au blessé pure de tout mélange.

CHAPITRE XXIV

Donc, depuis huit jours, tandis que tout était en émoi au château des Ormes, dans la partie qui appartenait à Marc Noël, le silence le plus profond régnait, au contraire, dans la portion occupée par Joseph et sa famille.

Ces derniers avaient même de certaines allures mystérieuses.

Roquillon était venu presque tous les soirs et, chaque fois, il s'était enfermé avec sa fille et son gendre.

En même temps, aussi, le cabaretier avait beaucoup voyagé pendant ces huit jours.

Il était allé à Orléans, d'abord.

Là, il avait appris, en prenant des renseignements adroits et prudents, que le testament déposé par Marc chez un notaire n'avait point été ouvert et qu'il ne le serait qu'à la suite d'une ordonnance du tribunal civil.

— C'est du temps gagné, s'était-il dit.

Il était allé à Lorris consulter M⁰ Loiseau, le terrible huissier, l'ami intime de M. Jouval.

M⁰ Loiseau était un homme de loi; il savait admirablement le pour et le contre que présente chaque affaire.

Dès les premiers mots de Roquillon, il s'était pris à sourire et lui avait dit :

— Est-ce à l'huissier que vous avez affaire?

— Ça dépend, répondit Roquillon.

— Si c'est à l'huissier, je rédigerai purement et simplement, comme vous paraissez le désirer, une plainte à M. le procureur impérial.

— Ah ! fit Roquillon.

— Une plainte dans laquelle il sera dit que feu M. Noël, décédé il y a près de cinq ans, n'a laissé aucun testament, et que les héritiers dudit M. Noël ont tout lieu de taxer de faux le testament qu'on prétend avoir trouvé.

— C'est bien ça, dit Roquillon.

— Mais, reprit l'huissier, si c'est à Loiseau que vous venez demander conseil...

— Je ne dis pas non.

— Alors c'est différent, et tout change.

— Comment cela?

— L'huissier ne se mêle que de son métier; mais Loiseau est homme de bon conseil.

— Oh! je le sais, dit Roquillon, et c'est pour ça que je suis venu.

— Alors ce n'est pas à l'huissier, mais à Loiseau que vous vous adressez.

— Peut-être bien, si ça vaut mieux.

— C'est bon; je ne suis plus huissier, je suis un simple particulier. Causons...

Et il posa ses coudes garnis de manches de lustrine verte sur son bureau encombré de paperasses, et attacha sur Roquillon son petit œil gris et perspicace.

— Voyons, dit-il, nous devons partir de ce principe qu'il n'y avait pas de testament à la mort de l'oncle Noël.

— C'est mon avis, dit Roquillon.

— Par conséquent, il nous faut prouver que le testament qu'on produit est un faux, et qu'on a imité la signature de l'oncle Noël.

— Parfaitement.

— Pour prouver que ce testament est l'œuvre d'un faussaire, il faut rechercher le faussaire.

— Dame, sans doute.

— Et le faussaire ne peut être que celui qui bénéficie du prétendu testament.

— Bon ! après ? fit Roquillon.

— Certainement, continua Loiseau, le prétendu testament est au profit de M. Henri de Beauchêne.

— Je le jurerais ! dit Roquillon.

— Par conséquent, au détriment de votre gendre et de son frère.

Roquillon fit un signe de tête affirmatif.

— Voilà justement où le bât nous blesse, dit Loiseau.

— Comment cela ?

— Si Marc Noël, le frère de votre gendre, est déshérité par le testament, pourquoi l'a-t-il porté chez le notaire ?

— Il est si bête ! dit Roquillon.

— Bête, soit, dit Loiseau ; mais, aux yeux de la justice, c'est une mauvaise raison. Il faut en trouver une autre.

— Voyons ?

— Votre gendre et son frère sont brouillés à mort, n'est-ce pas ?

— Oui.

— Et M. Henri de Beauchêne, en revenant d'Afrique, où est-il allé ?

— Chez Marc.

— Eh bien, il faudrait tâcher de prouver une chose.

— Laquelle?

— C'est que Marc et lui se sont entendus. Le testament déclaré valable, M. Henri a toute la fortune.

— Bon!

— Il met votre gendre et sa femme à la porte des Ormes.

— Et puis?

— Mais il garde Marc qui est son ami, et qui se trouve ainsi conserver sa part sous le manteau de la cheminée, tandis que Joseph n'a plus rien.

— Oui, dit Roquillon, j'entends bien ; mais comment prouver cela?

Loiseau eut un de ces sourires qui faisaient frémir les gens qui le connaissaient.

— Connaissez-vous le père Jouval?

— M. Jouval de Saint-Florentin?

— Oui.

— Certainement, je le connais. Je lui ai vendu plus de cent pièces de vin depuis dix ans.

— Eh bien, il pourrait peut-être nous donner un coup de main.

— Vous croyez?

— Dame ! je ne réponds de rien.... Mais j'ai bon espoir....

Et M⁰ Loiseau avait congédié Roquillon, en lui donnant rendez-vous pour le lendemain, qui était jour de marché à Saint-Florentin.

Roquillon parti, Loiseau avait appelé son petit clerc, lequel composait à lui seul, du reste, tout le personnel de l'étude.

— Voilà, lui dit-il, un *commandement* que tu vas porter à Saint-Florentin.

Par la même occasion tu entreras chez M. Jouval et tu lui donneras ce mot.

Et M⁰ Loiseau avait écrit à son vieux complice les lignes suivantes :

« Mon cher ami,

J'irai vous demander à déjeuner demain ; je crois que toutes nos espérances sur les terres des Ormes ne sont point mortes.

On m'apporte une petite affaire dans laquelle, je crois, il y a à boire et à manger, et je vous invite.

Votre fidèle,

LOISEAU, *huissier.* »

CHAPITRE XXV

Une autre semaine s'était écoulée.

M. Henri de Beauchêne, en pleine convalescence, avait quitté son lit; et l'abbé Duval, qui seul, du reste, lui avait donné des soins, affirmait que dans trois semaines sa blessure serait complétement cicatrisée et qu'il n'y paraîtrait plus.

Le bon prêtre lui avait dit un soir :

— Mon jeune ami, durant votre maladie, la baronne Mercier est venue ici tous les jours, elle a même passé plusieurs nuits à votre chevet, et, aux yeux de tout le pays, vous êtes son fiancé.

Il est donc nécessaire que vous vous occupiez maintenant de votre prochain mariage.

Je suis autorisé par la baronne à publier vos premiers bans.

Mais l'Eglise ne marie plus seule, la loi civile et le code Napoléon lui viennent en aide.

Ensuite vous êtes militaire, et, comme il a été décidé que vous ne donneriez pas votre démission tout de suite, il faut que vous adressiez au ministère votre demande d'autorisation.

J'ai tout préparé et vous n'avez qu'à signer.

En même temps, il avait mis sous les yeux du jeune homme une pétition au ministre de la guerre tendant à obtenir l'autorisation de se marier.

Henri avait signé et la pétition avait été adressée au ministre par la voie hiérarchique, c'est-à-dire par l'intermédiaire des bureaux de l'intendance militaire à Orléans. Le dimanche suivant, les fidèles de la petite église de Saint-Donat entendirent annoncer la première publication du mariage de M. le baron Henri de Beauchêne avec la dame du château de Reuil.

On s'en doutait bien un peu partout, mais cette nouvelle officielle n'en fit pas moins sensation.

Les uns se réjouirent hautement, les autres tout bas ; ceux-là étaient les courtisans du terrible cabaretier Roquillon.

Quant à ce dernier, il eut ce jour-là des façons de prendre sa prise de tabac et de secouer les grains qui tombaient sur sa chemise qui ne pronostiquait rien de bon.

A ce point que Branchu ne put s'empêcher de murmurer :

— Je crois bien que le mariage de M. Henri n'ira pas tout seul et que Mme Noël, qui est comme une furie depuis la mort de M. de Venelle, fera tout ce qu'elle pourra pour mettre et faire mettre des bâtons dans les roues.

Roquillon, deux ou trois fois, dans cette journée de dimanche, eut des hochements de tête mystérieux et des sourires moqueurs qui achevèrent d'inquiéter Branchu.

Aux Ormes, Mme Noël demeurait confinée dans sa chambre et empêchait son mari de sortir.

Les domestiques, pour qui la douleur de la Roquillone, depuis la fin tragique de M. de Venelle, n'était plus un mystère, — les domestiques disaient :

Pour sûr, Mme Noël manigance quelque chose contre M. Henri.

Il n'y avait que le bon Marc qui ne se doutait de rien.

L'honnête Belge était radieux et disait :

— A la bonne heure, monsieur; tu vas avoir une jolie petite dame et qui t'aime, savez-vous?

Je n'ai qu'un regret, c'est qu'il faille un jugement pour ouvrir le testament de défunt mon oncle. J'ai idée qu'il te laisse de l'argent, et ça ferait bien dans ton contrat.

Le lendemain, c'est-à-dire le lundi matin, M. Henri, qui se promenait, appuyé sur une canne, dans l'allée de grands arbres qui servait d'avenue au château, vit arriver le facteur rural.

— J'ai une lettre pour vous, monsieur Henri, lui dit le brave homme.

Et il lui remit un large pli cacheté de rouge, dans un coin duquel se lisaient ces mots :

Intendance militaire.

Il n'y avait que trois jours que sa demande était partie.

Il était donc impossible que cette lettre renfermât l'autorisation demandée.

Le jeune homme brisa le cachet, et tout à coup en lisant il se prit à pâlir.

Cette lettre, qui émanait de l'intendance militaire, était ainsi conçue :

« Monsieur,

J'allais transmettre votre demande à S. Exc. le ministre de la guerre, lorsque des motifs que vous apprécierez m'ont déterminé à en ajourner l'envoi.

J'ai été prévenu par le parquet d'Orléans que des poursuites ou tout au moins une enquête judiciaire avaient été décidées contre vous.

Une plainte parvenue à M. le procureur impérial, plainte dans laquelle vous seriez accusé d'avoir fabriqué un testament, est la cause de cette détermination.

Veuillez agréer, monsieur, etc... »

Henri de Bauchêne se laissa tomber anéanti sur un tronc d'arbre récemment abattu par la foudre.

Ses tempes étaient baignées de sueur, ses oreilles bourdonnaient, et pendant un moment il se crut fou.

Il avait pris sa tête à deux mains et se demandait s'il n'était pas le jouet de quelque horrible rêve.

Le pas d'un cheval se fit entendre dans l'avenue.

M. Henri leva la tête et reconnut le curé Duval.

C'était peut-être la Providence qui venait à son aide.

Le vieux prêtre, le voyant ainsi bouleversé, mit pied à terre et prit vivement la lettre que le jeune homme lui tendait d'une main tremblante.

L'abbé la lut en fronçant le sourcil.

— Il y a du Roquillon là-dessous, dit-il; mais la justice a l'habitude de voir clair, et il n'y a pas de quoi s'inquiéter beaucoup.

Puis il remonta à cheval :

— Adieu, dit-il, à ce soir.

— Où allez-vous, mon ami? demanda M. Henri.

— A Orléans, donc, voir le procureur impérial.

Mais, comme le curé tournait bride et s'apprêtait à rendre la main à son cheval fleur de pêcher, une carriole parut au bout de l'avenue, et dans cette carriole, le prêtre et le jeune officier aperçurent deux hommes vêtus de noir et un brigadier de gendarmerie.

CHAPITRE XXVI

Le curé Duval eut sur-le-champ deviné à qui il avait affaire, en voyant les trois personnages qui se trouvaient dans la carriole.

Aussi revint-il auprès de M. Henri, lui disant :

— J'aime autant cela, nous nous expliquerons beaucoup plus vite.

Le jeune homme était en petite tenue d'uniforme, et il ne pouvait y avoir pour les nouveaux venus le moindre doute à son égard.

Ils descendirent de voiture, et l'un des deux hommes vêtus de noir vint au-devant de M. Henri pâle d'émotion, et lui dit :

— Vous êtes M. Henri de Beauchêne?

— Oui, monsieur.

— Sous-lieutenant au 5ᵉ régiment de hussards ?

M. Henri fit un signe de tête affirmatif.

— Monsieur, reprit l'homme vêtu de noir, je suis le juge d'instruction. Une plainte a été déposée contre vous, et cette plainte est tellement grave que je dois vous interroger.

— Monsieur, répondit Henri, j'ai le plus grand respect pour la justice, et je suis prêt à lui répondre, la tête haute, en honnête homme que je suis.

L'attitude consternée du brigadier de gendarmerie témoignait du trouble qu'il éprouvait de voir ce jeune et bel officier qui portait l'étoile des braves sur sa poitrine, sous le coup d'une pareille accusation.

Le juge d'instruction regarda le curé.

Celui-ci était calme et ferme.

— Monsieur, dit-il, ce jeune homme, dont je répondrais devant Dieu, est la victime d'une odieuse machination.

— C'est possible, répondit le juge. Et si cela est, justice sera faite.

Henri, faible encore, s'appuyait sur l'épaule du vieux prêtre.

Il reprit le chemin des Ormes, suivi du juge, de son greffier et du brigadier de gendarmerie.

Par bonheur, le vieux Marc était aux champs. Nous disons par bonheur, car le bonhomme eût éprouvé un si grand saisissement de voir sa maison envahie par la justice, qu'il en eût perdu la tête.

Les domestiques qui se trouvaient dans la cour et dans la cuisine éprouvèrent une véritable stupeur en voyant entrer le brigadier de gendarmerie.

Un seul, Jean le charretier, dit :

— Ça ne m'étonne pas... hier soir Roquillon, le père à Mme Joseph, disait que les gendarmes viendraient au premier jour.

— Mais pourquoi donc ça? demanda une des servantes.

— On dit que M. Henri a fait un faux testament.

— Ce n'est pas vrai ! s'écria un vieux pâtre qui datait du temps de M. de Beauchêne le père, les gens de cette famille sont trop honnêtes.

Pendant ce temps, le juge d'instruction et son greffier s'étaient enfermés avec M. Henri dans une salle du rez-de-chaussée, et l'interrogatoire avait commencé.

M. Henri de Beauchêne était accusé, de complicité avec Marc Noël, d'avoir fabriqué un testament.

Cette accusation ressortait de la plainte déposée et signée par Joseph Noël, et du témoignage de M. Jouval, marchand de biens à Saint-Florentin. Celui-ci avait eu l'audace de signer une déposition ainsi conçue :

« Il y a un peu plus de deux ans, M. de Beauchêne est venu chez moi me proposer de me céder ses droits à un prétendu réméré de vingt années, stipulé entre feu son père et feu M. Noël. Sur mon refus, il a laissé échapper quelques paroles qui, à mon sens, témoignaient de sa résolution d'employer tous les moyens pour rentrer en possession du château des Ormes.

« Je me souviens parfaitement qu'il m'a dit alors que l'oncle Noël lui avait toujours témoigné une sorte d'aversion.

« Quant à un testament, il était certain que M. Noël n'en avait jamais fait.

« Enfin, tandis que M. Henri de Beauchêne était chez moi, maître Loiseau y est venu et il pourra l'attester.

« JOUVAL. »

Au bas de la déposition mensongère du marchand de biens, il y en avait une autre.

Celle-là était ainsi libellée :

« Je me souviens parfaitement que le 17 novembre 186., je suis entré chez M. Jouval, à Saint-Florentin.

« Je me suis croisé avec M. de Beauchêne ; je ne sais rien et n'ai rien entendu de sa conversation avec M. Jouval ; mais je puis affirmer qu'il avait le visage empourpré et paraissait avoir éprouvé une grande déception.

« LOISEAU. »

A ces deux témoignages qui ne manquaient pas de gravité, s'en ajoutait un troisième tout matériel, mais qui avait une grande importance.

En recevant la plainte de Joseph Noël, le procureur impérial avait fait saisir le testament déposé chez le notaire.

Ce testament, qui, s'il était authentique, remontait à plusieurs années, était enfermé dans une enveloppe qui paraissait toute fraîche, l'encre de la suscription elle-même n'avait point encore ces tons foncés qu'elle acquiert en vieillissant.

On eût dit que le tout était de la veille.

C'était peut-être là la présomption la plus

grave, et cependant il était facile d'expliquer ce prétendu phénomène.

Le testament, à peine écrit, avait été enfermé dans un tiroir secret, très-étroit, et s'était trouvé, par conséquent, à l'abri du contact de l'air.

Le juge d'instruction était donc venu aux Ormes avec la conviction que la plainte était fondée.

L'attitude calme, les réponses nettes et franches de M. de Beauchêne ébranlèrent un peu cette conviction.

— Enfin, monsieur, dit-il, où auriez-vous trouvé ce testament ?

— Dans ma chambre.

— Conduisez-moi.

M. Henri mena le juge et son greffier dans sa chambre, ouvrit le meuble et fit jouer le ressort du double fond.

Tandis qu'il se livrait à cette opération sous les yeux du magistrat, la porte s'ouvrit et Marc Noël, la sueur au front, entra tout essoufflé.

Heureusement, le curé Duval, qui s'était tenu en sentinelle à la porte du château, avait eu le temps de le prévenir et de lui recommander du calme et du sang-froid.

Cette confrontation qu'amenait le hasard fut favorable à M. Henri de Beauchêne.

Les réponses de Marc furent identiques aux siennes, et le bon Belge raconta que M. Henri avait voulu détruire le testament.

Comme lui, il affirma qu'il n'en connaissait pas le contenu.

Le juge alors dit au jeune homme :

— J'avais mission de vous mettre en état d'arrestation. Je vais me contenter d'une demi-mesure : vous resterez ici, monsieur, jusqu'à ce que le tribunal ait ordonné l'ouverture du testament, et, si ce testament ne vous institue pas légataire universel de feu M. Noël, la prévention sera abandonnée.

Une heure après, le juge d'instruction et le greffier avaient quitté les Ormes, où ils laissaient M. Henri de Beauchêne prisonnier, sous la garde du brigadier de gendarmerie.

CHAPITRE XXVII

La descente de justice au château des Ormes avait produit une sensation violente à Saint-Donat.

Il faut convenir même, à la louange des habitants, que ce n'avait été qu'un cri d'indignation.

Vox populi, vox Dei, dit le proverbe.

Personne n'avait cru un seul instant M. Henri capable du crime qu'on lui reprochait, et il s'était fait une réaction violente en sa faveur.

A la tête de cette réaction étaient Branchu et le grand Jacques, lequel, au mépris de sa parenté avec Roquillon, n'avait pas hésité à crier bien haut que c'était le misérable cabaretier qui avait ourdi toute cette intrigue.

Mᵐᵉ Noël avait voulu, le lendemain, se montrer dans le bourg ; on l'avait huée, et elle était rentrée précipitamment aux Ormes, mais pas si vite cependant qu'elle n'eût le temps de rencontrer la mère Miracle à mi-chemin.

Celle-ci s'était dressée tout à coup devant elle auprès du moulin, à un endroit où le chemin des Ormes à Saint-Donat était bordé d'une haie.

A la vue de la sorcière, la Roquillone avait voulu presser le pas.

Mais la mère Miracle s'était posée hardiment devant elle en lui disant :

— Pardon, madame, vous ne passerez pas... j'ai un mot à vous dire.

— Parlez, dit la Roquillone, impressionnée de l'attitude presque solennelle de la vieille femme.

— Madame, reprit la mère Miracle, vous avez été élevée par votre père dans de méchantes idées, et c'est, poussée par lui, que vous avez forcé votre mari à porter la plainte. Vous savez bien que M. Henri et votre beau-frère M. Marc sont d'honnêtes gens et que, s'ils ont déposé un testament chez le notaire, c'est que ce testament existait.

— Je ne sais pas ce qu'a fait mon mari, dit la Roquillone d'un ton sec.

La mère Miracle eut un sourire dédaigneux.

— Moi, je sais le contraire, dit-elle. Mais il est toujours temps de réparer le mal qu'on a fait, il est toujours temps de se repentir.

— Je n'ai à me repentir de rien, répondit Mme Noël qui retrouvait son audace. Si M. Henri et mon beau-frère sont coupables, comme je le crois, ils seront punis.

— Oh! dit la mère Miracle, je vous croyais plus de cœur.

— Passez donc votre chemin, bonne vieille, dit la Roquillone avec hauteur.

La mère Miracle la regarda avec plus de tristesse que de colère.

— Ecoutez, dit-elle, je passe pour sorcière dans le pays, et c'est un tort; je n'ai jamais prédit l'avenir; mais cependant, aujourd'hui, il me semble que je suis dominée par un pressentiment, et ce pressentiment n'est pas bon pour vous.

La Roquillone se prit à rire au nez de la mère Miracle.

Celle-ci ajouta :

— Vous avez tort de rentrer aux Ormes.

— Je vais chez moi.

— Je ne dis pas non ; mais vous avez tort.

Et, comme Mme Noël, qui avait repris tout son aplomb, riait de plus belle, la mère Miracle dit encore :

— Croyez-moi, retournez à Saint-Donat, chez votre père...

— Par exemple !

— C'est un bon conseil que je vous donne. Si vous allez aux Ormes, il vous arrivera bien sûr malheur.

Mme Noël n'y tint plus.

— Ah çà, vieille mendiante, dit-elle, allez-vous m'ennuyer longtemps comme ça ?

Et elle la poussa rudement et passa son chemin.

La mère Miracle ne protesta pas ; seulement elle la suivit longtemps du regard et murmura :

— Dieu est juste ! il punit les méchants !

. . . .

La Roquillone marchait d'un pas rapide.

Cependant, à mesure qu'elle approchait des Ormes, une sorte de tristesse vague s'emparait d'elle.

Les paroles prophétiques de la mère Miracle semblaient la poursuivre; une fois même elle s'arrêta et faillit rebrousser chemin.

Mais on l'avait huée à Saint-Donat, et comme, pour rentrer chez son père, il lui faudrait de nouveau traverser tout le pays, elle hésita.

Et puis n'était-elle pas dame et maîtresse aux Ormes, et, depuis trois ans, tout le monde ne tremblait-il pas devant elle ?

Cette pensée lui donna la force de chasser loin d'elle l'impression pénible produite par les paroles de la mère Miracle.

Et ce fut la tête haute, une tempête dans le cœur, qu'elle franchit le seuil du château.

Elle entra dans le vestibule comme un ouragan et dit :

— Où est monsieur ?

C'était de son mari qu'elle voulait parler.

Mais à cette question les deux ou trois servantes qui se trouvaient là pâlirent et balbutièrent.

— Où est monsieur ? répéta-t-elle d'une voix impérieuse.

— Madame, dit la plus hardie des trois, M. Marc vient d'être frappé d'une attaque d'apoplexie.

— Ce n'est pas de lui dont j'ai à m'occuper, dit-elle sans plus d'émotion. Où est mon mari?

— Il est auprès de M. Marc.

La Roquillone eut un rugissement de tigresse.

Les deux frères qu'elle avait si patiemment et si habilement brouillés, allaient-ils donc se réconcilier?

Et la Roquillone éperdue, rugissante, folle de colère, se précipita vers la portion du château habitée par Marc Noël.

Cette fois, elle avait complétement oublié la sinistre prédiction de la mère Miracle.

CHAPITRE XXVIII

Avant de suivre Mme Noël, transformée en furie et courant arracher son mari du chevet du bon Marc Noël, il est nécessaire de faire un pas en arrière et de raconter ce qui s'était passé.

C'était la veille qu'avait eu lieu la descente de justice ; Marc Noël, grâce au curé Duval, avait assez bien supporté ce premier coup.

Un méridional impressionnable et sanguin eût été frappé d'une attaque d'apoplexie ; un Belge devait résister.

Marc avait donc subi ce premier choc avec plus d'étonnement que de frayeur.

Cependant, alors que M. Henri de Beauchêne, ému et indigné d'abord, commençait à se rassurer, le naïf Marc Noël, au contraire, comprenait peu à peu la gravité de l'accusation qui pesait sur lui, et la peur le gagnait.

Il était innocent, mais ce sont les innocents qui s'épouvantent le plus facilement, et la présence de ce brigadier de gendarmerie dans sa maison, qui ne lui avait d'abord causé que de la surprise et de l'ahurissement, finit par lui être odieuse.

Vers le soir, le bonhomme devint sombre et taciturne.

Au lieu de monter dans sa chambre, il prolongea la veillée à la cuisine.

Il lui semblait qu'il était plus en sûreté au milieu de ses domestiques.

Cependant, vers minuit, ceux-ci parvinrent à lui faire gagner sa chambre.

Le brigadier de gendarmerie mettait, du reste, la plus grande délicatesse à sa mission.

Il était là pour la forme, et il avait la conviction que ni ce brave et loyal jeune homme ni cet honnête et naïf paysan n'étaient coupables du crime qu'on leur imputait.

Cependant, Henri de Beauchêne était prisonnier, et la preuve en était qu'il n'avait pu quitter les Ormes et s'en aller, comme à l'ordinaire, dans la carriole du père Marc, voir la belle châtelaine de Reuil.

Le curé Duval lui avait dit :

— Je me charge d'apprendre à la baronne le petit malheur qui vous arrive, ne vous tourmentez pas.

Et le vieux prêtre, en effet, avait été le soir même à Reuil.

La baronne avait eu un moment d'émotion, mais elle avait bien vite compris l'absurdité de la plainte portée contre son fiancé et le curé l'avait quittée, sinon tranquille, au moins à peu près rassurée.

Or donc, le lendemain matin, Henri se levant de bonne heure, était descendu à la cuisine, croyant y trouver le bon Marc.

Une des servantes lui dit :

— Il ne voulait pas aller se coucher, hier soir, et quand il est monté il était plus de minuit. Aussi il se rattrape ce matin. Faut le laisser dormir.

Le jeune homme n'attacha aucune importance à cette réponse et ne manqua point tout d'abord à monter à la chambre de son vieil ami.

A huit heures, le curé arriva; et comme seul il avait soigné le blessé, il se mit en devoir de renouveler le pansement. Pour cela, M. Henri monta dans sa chambre, et l'une des servantes, ainsi que la Tordue, le suivirent pour aider le prêtre devenu chirurgien.

La Tordue était de plus en plus sombre depuis quelques jours.

On ne la plaisantait plus guère, pourtant, et les domestiques avaient renoncé à lui parler de son prochain mariage avec M. Henri.

Mais cette âme obtuse et vile était profondément blessée.

Elle l'était d'autant plus que la baronne avait passé les jours et les nuits au chevet de son cher Henri, et que l'être difforme avait senti se développer dans son cœur et dans son étroit cerveau une de ces haines jalouses comme seuls en éprouvent les reptiles, condamnés à la fange, pour l'oiseau qui fend libre et joyeux l'éther du ciel.

Cette femme jeune, élégante et belle, quand elle se comparait à elle, la Tordue avait des tempêtes dans l'âme, et ses yeux s'injectaient de sang.

Alors elle songeait au récit du fermier touchant le cantonnier solognot qui avait empoisonné sa femme en lui faisant avaler du phosphore d'allumettes; et une pensée criminelle germait et se développait lentement dans cette intelligence bornée.

Un jour même, en entrant dans la chambre du blessé encore au lit, et surprenant la baronne assise auprès de lui et tenant sa main dans la sienne, elle s'était dit :

— Quand il sera guéri, je m'arrangerai bien pour qu'ils ne se marient jamais.

Or, le bon curé Duval ne se gênait guère devant Louison, dite la Tordue, et il avait annoncé à M. Henri, tandis que ce dernier gravissait l'escalier, appuyé sur son épaule, l'arrivée prochaine de la baronne.

Louison l'avait entendu, et l'orage de son âme, un moment assoupi, s'était réveillé plus ardent et plus tumultueux.

La blessure commençait à se fermer.

Cependant le prêtre avait constaté un peu d'inflammation qu'il attribua à l'émotion de la veille.

— Mon enfant, dit-il au jeune homme, je vous mets à la diète pour ce matin.

— Soit, dit-il en souriant, mais j'ai soif.

— Tant pis, vous ne boirez que de la tisane.

— Froide?

— Non, tiède.

Et le curé dit à la Tordue :

— C'est toi qui fais ordinairement la tisane de M. Henri ?

— Oui, répondit l'être difforme.

— Eh bien, va lui en faire...

La Tordue sortit, jetant un regard louche à celui qu'on lui avait donné comme un fiancé, pour se moquer d'elle.

Or, tandis que la Tordue préparait la tisane et que le curé Duval achevait le pansement, une des autres servantes entra tout effarée en disant :

— M. Noël est à moitié mort...

En effet, elle était entrée dans la chambre du bon Marc et avait trouvé celui-ci se tordant sur un lit, les yeux hors de leur orbite, le visage empourpré, la langue sortie et bleuâtre, les lèvres frangées d'écume.

CHAPITRE XXIX

L'état de Marc Noël était grave et il eût été désespéré, si le curé Duval fût arrivé un quart d'heure plus tard.

Celui-ci pratiqua une saignée abondante.

Alors le malade revint à lui et le premier mot qu'il prononça fut celui-ci :

— Mon frère !

On courut chercher Joseph Noël.

Ce dernier, depuis la veille, honteux et repentant de ce qu'il avait fait, se tenait enfermé chez lui ; mais Jean le charretier bouscula les servantes qui voulaient lui barrer le chemin, et montant l'escalier quatre à quatre, il arriva jusqu'à lui.

Joseph n'attendit pas qu'il eût finit de parler. Il ne comprit qu'une chose, c'est que son frère était mourant.

Alors le travail long et patient de la Roquillone devint tout à coup inutile.

Elle avait mis deux années à brouiller les deux frères; une minute suffit pour les réconcilier.

L'homme dont l'infâme cabaretier Roquillon avait essayé de faire un paysan narquois et madré, sans droiture et sans foi, redevint tout à coup le Belge honnête et naïf qui était arrivé en sabots pour recueillir un héritage de plus d'un million.

Il se précipita vers la chambre de son frère et entra en jetant des cris de désespoir et versant des larmes.

La vue de son frère parut achever de ranimer le vieux Marc.

Il lui tendit la main et voulut parler.

Mais sa voix expira dans sa gorge.

Seulement ses yeux s'emplirent de larmes aussi, et la réconciliation fut opérée.

Mais alors on entendit dans l'escalier des cris de femme et une voix aigre, mordante, impérieuse.

Puis ces cris et cette voix se rapprochèrent,

et la Roquillone entra comme une furie dans la chambre en disant à son mari :

— Misérable! canaille! sans cœur! oses-tu bien venir ici?

Le curé Duval et M. Henri indignés firent un pas en arrière.

Marc se rejeta par un brusque soubresaut dans la ruelle de son lit, comme si cette mégère eût dû l'étrangler.

Mais alors, l'homme qui avait toujours tremblé, l'amoureux mari courbé sans cesse sous le joug de fer de cette femme, eut un moment d'énergie; l'esclave se révolta et brisa sa chaîne. Joseph Noël s'avança crânement vers la Roquillone, la prit par les épaules et lui dit :

— Va-t'en!

Elle voulut résister, elle se mit à crier de plus belle.

Mais le Belge était vigoureux; il l'enleva dans ses bras comme il eût fait d'un enfant, la porta hors de la chambre et la laissa à demi suffoquée de rage et d'étonnement sur la première marche de l'escalier.

Puis il rentra dans la chambre et ferma la porte.

Un moment stupide, folle, éperdue, la Roquillone demeura où son mari l'avait laissée.

Elle ne criait plus, elle ne parlait plus, elle était comme anéantie.

C'est l'histoire de toutes les tyrannies domestiques; le jour où l'oppresseur rencontre une résistance inattendue, il perd la tête et le pouvoir lui échappe.

La Roquillone dégringola plutôt qu'elle ne descendit l'escalier, et elle arriva plutôt roulant que marchant dans la cuisine où son apparition de tout à l'heure avait achevé de mettre le désarroi.

Lorsqu'elle était entrée, la cuisinière épouvantée avait laissé tomber dans le feu un cataplasme qu'elle faisait chauffer pour M. Marc Noël, et la Tordue elle-même, qui s'apprêtait à monter son bol de tisane à M. Henri, avait eu tellement peur qu'elle avait déposé sur la table le bol et l'assiette sur lequel il était placé et s'était enfuie dans le jardin.

La Roquillone se laissa tomber anéantie sur une chaise auprès de la table de cuisine.

Elle avait les yeux injectés, la gorge crispée et aride, une écume verdâtre aux lèvres, elle étouffait...

Le bol de tisane était à la portée de sa main. Machinalement elle s'en empara, et, comme elle était prise d'une soif ardente, elle le vida d'un trait, sans prendre garde au goût étrangement amer qu'il avait, en même temps qu'à la couleur verdâtre du liquide...

On avait si grand'peur de cette furie que tous ceux qui étaient dans la cuisine s'étaient subitement écartés d'elle.

Une demi-heure s'écoula.

L'œil fixe, la tête dans ses mains, prise d'un tremblement nerveux, qui avait pour cause première la colère réduite à l'impuissance, la Roquillone demeurait là sans avoir conscience de ce qui se passait autour d'elle.

Elle ne voyait, elle ne comprenait confusément qu'une chose, c'est que le sceptre de fer sous lequel elle avait courbé son mari venait de se briser.

Mais tout à coup elle jeta un cri...

Un cri de douleur atroce ; et elle porta vivement ses deux mains à sa poitrine, comme si un fer rouge l'eût brûlée...

Et tout à coup aussi ses yeux se tournèrent, sa langue sortit violemment hors de sa bouche couverte d'une bave sanglante, et elle tomba sur le sol où elle se roula dans d'épouvantables convulsions.

Le bol de tisane qu'elle venait de boire, et

qui était destiné à M. Henri, avait été empoisonné par la Tordue.

L'être méchant et difforme avait fait dissoudre mystérieusement dans cette tisane une demi-livre de phosphore lentement accumulé par elle dans un coin obscur de l'office, et ce breuvage avait été si grossièrement préparé que, certainement, pris à la gorge par son odeur et son goût nauséabond, M. Henri l'eût rejeté loin de lui.

Mais la Roquillone, dans son trouble, l'avait avalé d'un trait.

En ce moment, une femme parut sur le seuil de la maison, vit la Roquillone, autour de laquelle on s'empressait et qui se roulait sur les dalles en poussant des hurlements de douleur.

Cette femme, c'était la mère Miracle qui murmura :

— Il est pourtant des gens qui ne croient pas à la *justice de Dieu !*

CHAPITRE XXX

La baronne Mercier à Mme de Lassenie.

Ma chère Laure,

C'est demain que je deviens Mme Henri de Beauchêne.

Mais que de traverses, d'émotions poignantes depuis un mois !

Dans ma dernière lettre, je t'apprenais le duel de mon cher Henri et la fin tragique de M. de Venelle ; je te parlais de l'absurde accusation qui pesait sur Henri, à propos de ce testament retrouvé au fond d'un tiroir.

Tu vas voir comment la Providence se charge de dénouer les intrigues les plus compliquées.

Parlons du testament d'abord.

Ouvert par ordre du tribunal, il fut reconnu pour parfaitement authentique, et je vais le transcrire sa teneur.

« Aujourd'hui 26 novembre 185., je soussigné Charles-Jean Noël, âgé de soixante-huit ans, jouissant de la plénitude de mes facultés, j'ai écrit le présent testament, avec l'expresse volonté qu'il soit exécuté.

J'ai acheté pour la somme de trois cent mille francs à M. le baron de Beauchêne la terre et le château des Ormes.

Mais cette vente n'était que conditionnelle et M. de Beauchêne s'était réservé vingt ans pour racheter.

M. de Beauchêne est mort. J'ai élevé son fils.

Je n'ai pas plus le droit de déshériter ma famille, car je suis chrétien et honnête homme, que de garder un bien acquis au-dessous de sa valeur.

J'ai amélioré la terre des Ormes et j'y ai ajouté plusieurs fermes.

Les fermes et les terres annexées, ainsi que la moitié des bois, appartiendront à mes neveux, que je ne connais pas, du reste.

Mais je veux que le château patrimonial de

M. Henri de Beauchêne lui revienne après ma mort.

C'est pourquoi j'ai fait le présent testament. »

Telle était, ma chère Laure, cette pièce qu'on avait arguée de faux, et dont chaque ligne attestait la parfaite authenticité et la naïve bonne foi.

La justice ne pouvait s'y tromper, et moins de quarante-huit heures après, mon cher Henri était libre.

Mais il était dit que la justice n'en aurait pas fini tout de suite avec le château des Ormes.

Il y avait chez le vieux Marc qui, du reste, a failli mourir et qui est maintenant hors de danger, il y avait, dis-je, une petite servante grêlée, bossue, hideuse au physique et au moral.

On l'avait surnommée la Tordue.

Figure-toi que cette créature s'était éprise de Henri.

De l'amour à la jalousie, et de la jalousie à la haine, chez les êtres à demi bestiaux comme elle, il n'y a qu'un pas.

La malheureuse a voulu empoisonner Henri. Elle a fait dissoudre des allumettes dans un bol de tisane qui lui était destiné.

La Providence en a décidé autrement.

Ce n'est pas Henri qui a bu la tisane empoisonnée ; c'est Mme Noël, cette furie qui avait, je te l'ai écrit, brouillé les deux frères, armé M. de Venelle contre Henri et essayé de nous faire tout le mal possible.

La malheureuse est morte dans les plus épouvantables souffrances, au bout de douze heures.

Mais avant de rendre le dernier soupir, elle s'est convertie à la parole grave et douce de notre bon curé Duval.

Le repentir a touché cette âme qu'attirait l'éternité, et elle a tout avoué avant de mourir, c'est-à-dire que dans une déposition recueillie par la justice, elle a révélé la fausseté calculée de l'accusation portée contre Henri, disant que c'était l'œuvre de son père le cabaretier et d'un certain misérable appelé Jouval, qui, ainsi qu'un huissier de Lorris, a reçu de l'argent de Roquillon en échange de son faux témoignage.

Joseph Noël, qui n'avait été que l'instrument aveugle de sa femme et de son beau-père, d'abord arrêté, fut relâché tout de suite après.

Mais Jouval et Loiseau ont été maintenus en état d'arrestation.

Loiseau s'est pendu dans sa prison ; Jouval

a essayé de s'étrangler, mais on a pu l'en empêcher. Les prochaines assises l'attendent.

Quant à Roquillon, il est devenu fou et on a dû le transférer dans une maison de santé.

La Tordue est également en prison.

Mais il est probable que le jury usera d'indulgence envers cette misérable idiote et qu'on se contentera de l'enfermer dans une maison de correction.

Joseph Noël, qui reste veuf avec trois enfants, s'est réconcilié avec son vieux frère.

Tous deux, respectant la volonté de leur oncle, ont quitté le château et se sont installés dans une des fermes annexées.

Depuis quinze jours, une légion de maçons, de peintres et de tapissiers restaurent la vieille demeure des Beauchêne.

Demain, l'excellent curé Duval nous donne la bénédiction nuptiale.

Nous ne ferons pas de voyage de lune de miel; nous resterons tout l'automne dans nos terres, au milieu de la bonne et naïve population de Saint-Donat.

Mes amitiés à Paul.

Ton liséré bleu, qui est la plus heureuse des femmes.

MARTHE.

Mᵐᵉ de Lassenie à la baronne Henri de Beauchêne.

Ma chère Marthe, il manquait un dernier épisode au dénoûment de ton petit roman.

M. le comte Othon de la Billardière s'en est chargé. Le naïf gentilhomme, criblé de dettes, réduit aux expédients les plus douloureux, vient de faire une fin.

Il a rencontré, sur un bateau à vapeur qui remontait la Loire, une sentimentale Anglaise, rousse, affreuse, prenant du tabac, portant un voile vert et âgée de cinquante-huit printemps, qui lui a accordé sa main et une jolie fortune acquise par son premier mari, un coutelier de Birmingham, dont le nom m'échappe.

Les nouveaux époux n'auront probablement pas d'enfants et seront très-malheureux, mais le comte Othon payera ses dettes et pourra peut-être en faire d'autres.

Nous partons demain soir pour Orléans, Paul et moi. Ouvre donc tes bras.

Ton liséré rouge qui te fait mille compliments de ta façon d'élever les petits gentilshommes de campagne et d'en faire des maris accomplis.

LAURE.

FIN DU TROISIÈME ÉPISODE.

Paris. — Typographie E. Panckoucke et Cᵉ, quai Voltaire, 19.

www.ingramcontent.com/pod-product-compliance
Lightning Source LLC
Chambersburg PA
CBHW070630160426
43194CB00009B/1417